ビジネスエリートのための

教養としての日本の神様

深結《みゅう》 著

國學院大學神道文化学部 教授
西岡和彦 監修

あさ出版

はじめに

◯日本の神々を知ると人生が豊かになる

私が出雲大社を中心に各地の神社を頻繁にお参りするようになって二十数年になります。最初は何もわからず、ガイドブックを片手に右往左往しているだけでしたが、だんだんと神職の方々とお話しする機会を得て、神社の由来やお参りの仕方など様々なことを学ばせていただきました。

神社への参拝、そして、学んだことをお伝えする活動をしているうちに、経営者やビジネスエリートの方々と知り合う場面が増えました。

彼らは日本の神様や神道、神社について学び、日常の中に取り入れることで、自身の可能性を広げ、人生を豊かにしていました。

驚くことに、ビジネスシーンでも日本の神様や神道などに関する知識が役立っているといいます。仕事で神様に関する行事があるからだけでなく、仕事の仕方、考え方、商談、会食など、実に様々なシーンで活用しているとのことでした。

最近は、海外のビジネスエリートが日本の神様や神道に興味を持ち、学ばれることも増えてきています。

いまや、日本の神様や神道、神社に関する知識は、ビジネスパーソンにとって教養としてたしなむものとなりつつあるのです。

◯日本の神々について学ぶことは日本を知ること

日本は豊かで厳しい自然に満ちあふれています。そこで生きてきた人々は、自然の営みの中に神々の存在を感じ、自然への畏敬の念を信仰の柱としてきました。信仰という意識はなくても、歴史のいたるところに神様、そして神社が存在し、そのあり方、かかわり方は時代とともに変化してきました。

日本の神々は常に日本の歴史とともにあり続けてきたのです。

日本の神々と、日本人の神々とのかかわりについて学ぶことは、日本そのものを知ることといっても過言ではありません。

神道の源流となる日本人の信仰心や、神社の原型となるものは国家という概念が生まれるはるか以前から存在していました。日本古来の自然観、宗教観、信仰心がどのような変遷をたどって現代に至るのでしょうか。その歴史を知ることは、日本の近現代を改めて見つめ、捉え直すことでもあるのです。

世界の国々や地域にはそれぞれの歴史や文化があり、そこには、神様の存在も深くかかわっています。海外のビジネスエリートとの会話が、神様や宗教にかかわる話題にまで広がることも少なくありません。世界的にも独特といえる日本の自然感や宗教観、それにまつわる歴史について語れることは、ビジネスエリートとして対等に渡り合い、尊重し合うための教養としてますます大切になってきています。日本の神々について学んだことは、きっとその支えとなってくれるでしょう。

◯日本の神々の世界は魅力に満ちている

日本の神話には、八百万《やおよろず》の神といわれるように実に個性的で、自由で、それぞれのあり方を大切にしている神々の姿が記されています。

『古事記』の「国生み」の場面では、伊耶那岐命《いざなきのみこと》と伊耶那美命《いざなみのみこと》がまぐわうことで日本の島々が生まれますが、行為の前に、男神である伊耶那岐命が女神の伊耶那美命から明確な言葉による「同意」を得ています。さらに、夫の側からまず妻をほめなさいという教訓ともとれる場面が続きます。古いようで、実は新しくもあります。

伊耶那美命が亡くなったとき、伊耶那岐命は転げ回る勢いで嘆き悲しみます。そうした自然な感情の発露からこそ神々が生まれ、新たな世界、つまり可能性が広がっていきました。

読めば読むほどいろいろな読み方ができて、そんな話を神職や研究者の方々、一般の神社好きのみなさんとワイワイとできるのも、堅苦しさも押しつけがましさもない日本の神々の魅力です。そんな日本の神々の世界に、多くの人に少しでも触れてみていただきたいと思っています。

本書は、日本の神々の現在、神道の歴史、神様や神話の紹介から、神社での振る舞い方など、多岐にわたる日本の神々や神道、神社に関する知識を、ビジネスパーソンとして押さえておきたいという視点で体系的にまとめています。

日本の神様について一緒に学び、実りある人生を送るきっかけにしていただけたら幸いです。

2024年11月

深結《みゆう》

第1章 ビジネスパーソンなら知っておきたい日本の神様のこと

第2章

日本の神様の基礎 I

教養人として知っておきたい　日本の神様の歴史

第3章

日本の神様の基礎 II

教養人として知っておきたい 日本の主な神様たち 1

第4章 日本の神様の基礎 Ⅲ

教養人として知っておきたい　日本の主な神様たち2

第5章 教養人として知っておきたい 日本の主な神様たち3

第6章

日本の神様の基礎Ⅴ

教養人として知っておきたい　日本の神話

第7章　ビジネスエリートが実践している神様、神社とのつきあい方

第8章

日本の神様の基礎 VI

教養人として知っておきたい 神社の話

本文DTP　NOAH
イラスト　石井香織
編集協力　小田明美

第1章

ビジネスパーソンなら知っておきたい日本の神様のこと

偉大な経営者や成功者は神様を大切にしている

偉大な経営者たちの多くは神社への参拝を欠かさないそうです。生き馬の目を抜くような苛烈な競争が繰り広げられているビジネスの世界では、その結果が実力どおりのものになるとは限りません。伝統やセオリーを守るだけでなく、時には未知なる世界を切り開いていかなければならないからこそ、人知を超えた神様の力を信じる人が多いのです。

株式会社プラネットが行った「お寺・神社に関する意識調査」では、会社役員・経営者や会社員、自営業者、公務員など様々な職業の３７９２人に「お寺と神社のどちらによく行きますか」と尋ねています。そのうち会社役員・経営者の45・８％が「両方とも行く」、21・７％が「神社」と回答しています。また、職業別では最も多い合計67・５％が神社に行っているという回答でした。寺だけに行っている人も合わせると80％に達し、会社役員・経営者ほど神仏を大切にしていることがわかります。

松下電器（現・パナソニック）を一代で築き上げ、「経営の神様」といわれる松下幸之助は生前、石清水八幡宮《いわしみずはちまんぐう》（京都府八幡市）や椿大神社《つばきおおかみやしろ》（三重県鈴鹿市）に足繁く通ったそうです。松下電器の初めての商標は石清水八幡宮の「破魔矢《はまや》」の絵と松下の頭文字「M」

を組み合わせた「M矢のマーク」で、障害を突破し、目標に向かって突き進む意味が込められていました。松下は椿大神社へは庭園や茶室を寄進していて、境内の「松下幸之助社」で祀《まつ》られているほど深い縁を結んでいます。大阪府門真市のパナソニックホールディングスには祭祀《さいし》担当の社員がおり、敷地の一角に建立された神社には松下家ゆかりの白龍大明神《はくりゅうだいみょうじん》を祀っているほか、全国の事業所にも100カ所以上の社を設けています。

また、三菱財閥の創始者、岩崎弥太郎《やたろう》は土佐稲荷神社（大阪市）を守り神として敬《うやま》いました。土佐藩（現・高知県）の藩主・山内家が1710年、藩の守護神として開いたのが同神社です。1869年ごろに大阪の土佐藩邸の責任者となった弥太郎は、のちに藩邸と蔵屋敷を下げ渡され、この場所を拠点に事業を立ち上げました。これが後の三菱財閥です。三菱の守護神として神社も受け継いでおり、現在もグループ各社の役員や社員が参拝に訪れるそうです。

神様を敬う創業当時からの姿勢が現在まで続いていることからも、創業者個人の信仰や価値観だけではないことがわかります。古来、日本人の中に脈々と受け継がれてきた神様への心を、経営者という立場の人々ほど強く意識し、従業員へと広げ、そこで成功した人たちがやがて経営者となり、先人にならい、神様にいただいたご縁に感謝し、それを若い世代へと伝えていく。こうして神様を大切にする心が色濃く受け継がれた人ほど、偉大な経営者となり、成功者となっていく様を数多く見てきました。

旧暦の10月は「神無月」といい、・全国の神々が出雲大社《いずもたいしゃ》に出かけてしまい、いなくなってしまうことから、こう言うようになったとされています。一方、その神々が一堂に会し、人と人のご縁などについて会議をする「神議《かみはか》り」が行われる出雲地方では、「神在月《かみありづき》」（旧暦の10月10日～17日）といいます。２０１２年ごろから私は毎年この時期に参加者を募《つの》ってツアーを行っています。出雲大社をはじめ、出雲地方の神社を数日にわたって巡《めぐ》るのですが、平日を含むにもかかわらず年々参加者が増えて、１００人を超えるようになりました。

特に多いのは男性女性問わず経営者の方々です。それぞれの仕事に全力で取り組み、努力を怠《おこた》らず、自ら事業を立ち上げて大きくしてきたからこそ、ものごとには自分の力だけではどうにもならないめぐり合わせがあることも、経験上よくわかっているのではないでしょうか。

出雲でのお参りのすぐ後にかかってきた一本の電話によって新たな事業が開けたという人がいました。これは決して全くの偶然ではないと思うのです。事業を成功させるためには何よりも自らの努力が必要で、その意志を強く持ち続けることが肝心要となります。神社への参拝は、ただ単にお願いするだけではなく、神様の前で決意を新たにし、強く念じることで、成功を深く期するところとなるのです。

人事を尽くして天命を待ち、成功しても自分だけの力ではなくいただいたご縁があるということを忘れない。

そうした心の持ちようがビジネスの成功につながっていくのだと私は信じています。

中央構造線と神社 ── 神社は天災から人を守ってきた

私は2011年の東日本大震災の後に福島県南相馬市の被災地を訪ねました。津波の被害で海側の平地は壊滅状態で、破壊された家々の建材が山のようになっているのを見て心を痛めながら回っていると一社の神社が目にとまりました。不思議と瓦礫《がれき》と化した建材の山が神社の手前で止まっていて、社殿などの被害はさほど大きくはないことに気づきました。

あとから知ったことですが、古くからある神社の多くが津波が到達した浸水線付近に位置していて、被害はあっても周囲と比べて軽微だったり、鎮守《ちんじゅ》の森が被害の拡大を防いでいたりしたそうです。このことは震災直後のメディアでも取り上げられています。

東京工業大学（現・東京科学大学）大学院・社会理工学研究科の調査では、被災した宮城県沿岸部全域と岩手県大船渡市、陸前高田市にある神社計215社のうち、一部浸水した神社は23社、被害を受けたのは53社でした。被害を免れた神社の多くは浸水線の境界付近にありました。

特に被害が少なかったのは素戔嗚尊《すさのおのみこと》を祀《まつ》る神社で、その多くが海岸近くであっても段丘の上にあり、被災したのは17社あるうちの1社だけでした。その1社も海岸からの広い平地の中にあってやや小高い場所にあり、正面からの津波は届かなかったそうです。素戔嗚尊は水難除《よ》けや疫病除けのご利益もあり、調査の内容をまとめた論文では「いわば非常時、リスク時の神であり、伝統的地域社会において人びとは、スサノオを祀った社を自然災害発生時にも安全な場所に建てていたことが考えられる」と考察しています。

東日本大震災が起こった三陸地方は、８６９年の貞観《じょうがん》地震、１６１１年の慶長三陸《けいちょうさんりく》地震など、大津波に襲われてきた歴史があります。諸説ありますが、コンピュータなどない時代に、繰り返し被災してきた経験から得た教訓を子孫に伝え、避難場所にもなる場所として神社を建て、神様を敬うことで天災から守られてきたのだと言われています。

ちなみにこの調査では、稲荷《いなり》系の神社は11社のうち5社が、天照大御神《あまてらすおおみかみ》を祀った神社は18社のうちの9社が被災していて他の神社と比べて多かったそうです。論文は、稲荷神《いなりがみ》は特に農業や商売の神様として身近な場所に祀《まつ》られることが要因ではないかと見ています。天照大御神については「わからない」としていますが、東北地方では、新田を開いて集落をつくったときに伊勢神宮から天照大御神を勧請して祀った神社も多く、平地の田畑や集落に近い場所にあったために津波が到達したのかもしれません（詳しくは第４章を参照）。神様によって役割が異なり、祀られる場所も異なるのです。それでも、私が南相馬市で見たように平地であっても不思議と神社で被害が止まっている場所もあったのです。

地震大国である日本列島は、巨大な地震や噴火に繰り返し襲われてきました。

地球は巨大な岩盤である十数枚のプレートで覆われていて、地球内部で対流しているマントルに載っています。プレートがそれぞれ少しずつ動いてぶつかり合い、地下に沈み込んだプレートに引きずり込まれたもう一方が跳ね上がったり、壊れてずれ動き、断層ができたりすると地震が発生します。日本列島はプレートがぶつかり合う場所に位置しているため、地震が頻繁に起き、岩盤が溶けたマグマが地下に溜まって噴火が起こりやすいのです。

その日本列島を西から東に横断するように、全長１０００キロにも及ぶ断層「中央構造線」が走っています。構造線とは、数百キロにわたって続くような断層のつながりのことです。正確な位置は不明ですが、鹿児島県薩摩川内市の沖合《おきあい》から阿蘇山付近を東に抜けていると見られていて、四国を経由して淡路島を通り、伊勢湾を渡って愛知県まで来ると北東へ向かい、長野県の諏訪盆地へ至ります。中央構造線の断層の面はここで地下深く潜るため位置はわからなくなっていますが、群馬県から埼玉県へ抜けて、茨城県沖の鹿島灘へと至ると推定されています。

中央構造線の周辺ではたびたび大地震が発生してきたことが古文書などに記録されています。安土桃山時代の1596年9月1日には中央構造線の通る愛媛県でマグニチュード7級の慶長伊予《けいちょう》地震が起こり、3日後には現在の大分県で同規模の慶長豊後《ぶんご》地震が、さらにその翌日には現在の京都府で慶長伏見地震が発生しています。1995年には中央構造線に近い地域で阪神・淡路大震災が起こっています。

中央構造線の周辺には、古い歴史のある神社や山岳信仰の盛んな聖地があると注目されています。地震が頻繁に起きる場所には神社があり、地震を鎮《しず》めていると考えられるのです。

九州にはまず幣立《へいたて》神社（熊本県山都町）があります。神武《じんむ》天皇の孫である健磐龍命《たけいわたつのみこと》が幣《へい》帛《はく》（捧げ物）を立てて「天津神《あまつかみ》」「国津神《くにつかみ》」を祀ったという土地に建つ神社です。四国には、日本七霊山のひとつである石鎚山《いしづちさん》を御神体《ごしんたい》とする石鎚神社（愛媛県西条市）があり、「国《くに》生《う》み神話」の淡路島には夫婦の創造神、伊奘諾尊《いざなきのみこと》と伊弉冉尊《いざなみのみこと》を祀る伊弉諾神宮（兵庫県淡路市）、三重県伊勢市には天照大御神の伊勢神宮、日本三大稲荷のひとつで寺院でありながら豊川稲荷とも呼ばれる妙厳寺《みょうごんじ》（愛知県豊川市）、諏訪盆地には諏訪大社、埼玉県さいたま市には武蔵一宮《むさしいちのみや》の氷川《ひかわ》神社があります。利根川を挟んで鎮座《ちんざ》する千葉県香取《かとり》市の香取神宮と茨城県鹿嶋市の鹿島神宮の境内にある「要石《かなめいし》」は地中深くまで突き刺さり、漂う日本を大地につなぎとめる「国中《くになか》の柱」といわれており、地震を鎮《しず》めているとされています。

ただ、これは諸説ある中のひとつにすぎません。出雲大社（島根県出雲市）や宗像《むなかた》大社（福岡県宗像市）、宇佐神宮（大分県宇佐市）といった日本を代表する神社は中央構造線から離れています。全国に神社は現在約8万社あり、コンビニエンスストアよりも多いほどです。明治末期に神社合祀《じんじゃごうし》が行われるまでは約20万社もありました。日本地図に線を引けば、必ず神社のある場所を通るとの指摘もあります。

日本列島は地震や火山の噴火に加え、台風や大雪、日照りにも見舞われます。日本中にこれほどの数の神社があるのは、古代より神々を祀ることによってそうした天災を生き抜いてきた日本人の祈りと知恵の現れであり、子孫の幸せを願う人々の心が幾重にもなった結晶のように私には思えるのです。

海外からも注目が集まっている八百万《やおよろず》の神様

神社へお参りに行くと、多くの外国人の姿を見るようになりました。例えば朱色《しゅいろ》の鳥居がどこまでも続く千本鳥居が有名な伏見稲荷大社（京都市）や、海の中に建つ大きな鳥居で知られる厳島神社《いつくしま》（広島県廿日市市）などは、日本人よりも外国人のほうが多いのではないかというほどです。九州は中国人観光客が多く、太宰府天満宮（福岡県太宰府市）では、何台もの大型バスで大挙して訪れるということが連日のように続いているそうです。

２０１９年から広がった新型コロナウイルス感染症の影響で日本への入国自体が制限され、訪日外国人全体の人数が大きく減りましたが、再び移動制限が解除され、２０２４年に入ると大勢の外国人が神社を訪れるようになりました。

世界最大の旅行口コミサイト「トリップアドバイザー」が毎年まとめている「外国人に人気の日本の観光スポット」では、伏見稲荷大社（京都市）が２０１４年から６年連続１位となったほか、厳島神社（広島県廿日市市）も２０１１年に１位となるなど常に上位に選ばれています。伊勢神宮も２０１６年に開かれた先進国首脳会議「伊勢志摩サミット」で先進７カ国の首脳が訪れ、世界的に注目されたことから外国人の参拝者が急増しました。

京都市の観光調査では２０２３年の外国人宿泊者数はのべ１１５２万人を超え、コロナ禍前の２０１９年の８２９万人を大きく上回りました。50・１％が訪問先と答えている伏見稲荷大社は京都駅から近く、稲荷山を登る「おやま巡り」は自然の中でのトレッキングもできるということで特に欧米人に人気のようです。

また、厳島神社のある宮島への外国人の来島者数を調べている廿日市市によると、2014年に初めて15万人に迫り、翌年には20万人を超え、2018年は35万人を突破しました。コロナ禍で一時激減しましたが、2024年は過去最高を更新する勢いです。伊勢神宮への外国人参拝者の統計を取っている伊勢市の調査では、2013年までは6万人を超えたのは2006年だけでしたが、2014年に6万6000人に達すると、翌年は約9万8000人、2016年からは3年連続で10万人を超えています。コロナ禍で8000人を割った年もありましたが、2024年は再び10万人に達する見込みです。

訪日外国人数自体が、円安の進行やインバウンド（訪日旅行）促進政策などにより急増し、2013年に1000万人を超えると2016年に2400万人、2018年には3100万人に達しています。観光庁の「インバウンド消費動向調査」(2023年)では、「訪日前に最も期待していたこと」として「自然・景勝地観光」が「日本食を食べること」に次いで2番目に多く、「滞在中にしたことの満足度」では「日本の日常生活体験」（96・2%）が2番目、「日本の歴史・伝統文化体験」（96・1%）が3番目となっています。

神社は境内《けいだい》に巨木も多く、広大な鎮守の森や御神体としての自然豊かな山もあり、外国人にとっても日本の文化や自然に同時に触れることのできる場所として人気があるようです。歴史ある木の造形物が自然の中に溶け込む神社の美しさと静謐《せいひつ》さから、神聖なものを感じ取っているのでしょう。

伊勢志摩サミットで伊勢神宮を訪れた米国のバラク・オバマ大統領（当時）は、「幾世にもわたり、癒しと安寧《あんねい》をもたらしてきた神聖なこの地を訪れることができ、非常に光栄に思います。世界中の人々が平和に、理解しあって共生できるようお祈りいたします」と記帳しています。

フランスのフランソワ・オランド大統領（当時）は「日本の源であり、調和、尊重、そして平和という価値観をもたらす、精神の崇高なる場所にて」と、ドイツのアンゲラ・メルケル首相（当時）は「ここ伊勢神宮に象徴される日本国民の豊かな自然との密接な結びつきに深い敬意を表します。ドイツと日本が手を取り合い、地球上の自然の生存基盤の保全に貢献していくことを願います」と記しています。各国の首脳とも日本の神社から感じられる精神性の豊かさを称えているのです。

イタリア半島中部にある世界最古の共和制国家、サンマリノ共和国は2014年、2011年3月の東日本大震災の犠牲者への追悼のために、欧州在住の日本人もお参りできるよう、欧州で初めてとなる神社本庁承認の神社「サンマリノ神社」を建立しました。本殿は伊勢神宮と同じ神明造《しんめいづくり》で一部は伊勢神宮の社殿の木を用いているとのこと。神職は同国人で、山形県内の神社で学んで神職の資格を取得しているのだそうです。

日本国内の神社で奉仕する外国人の神職も誕生しています。神道には創始者はおらず、教義も聖典もありません。改宗や入信の仕組みもありません。自然への畏敬《いけい》の念や歴史・文化への敬愛の心が、神社での祭祀《さいし》だけでなく生活習慣の中に無意識のうちに現れる日本人の信仰のかたちは、外国人には宗教というより哲学に近いものに感じられ、キリスト教など他の宗教を信じていても違和感なく受け入れられるようです。

約50カ国以上を訪ねて他の宗教の聖職者らと交流し、神道についての研究書など20冊以上の著書がある加藤隆久・生田神社名誉宮司は「神道のようにすべてのものに神、魂が宿ると考えるアニミズムの要素を持つ宗教は、一神教へ至る前段階にあるという意味で〝下等〟な位置づけをされる時代もありました。しかし、例えば地球温暖化問題などで自然との関わり方が根本から考え直されるようになり、すべてのものを敬い、調和を尊ぶ神道のような心のあり方が見直されてきているように感じます」と話してくれました。

日本人が思っている以上に外国の人々が日本の神様、神道について学び、人生の指針としているのです。

ビジネスシーンにも神社や神様の存在が求められてきた

企業を訪ねると、事務所に神棚や御札が飾られているのをよく見かけます。私はどの神社の御札が祀られているのかをチェックして、「よく行かれる神社なのですか？」「この地域の氏神様ですか？」などと尋ねるようにしています。近くの神社でなく社長がよくお参りする神社であったり、その業種にご利益のある神様の御札であったりとそれぞれの思いをうかがうことができ、会話が盛り上がることも多いのです。

なぜその神様が好きなのか、どうして大切にするようになったのか、お互いに打ち明け合うということは、それまでの事業のいきさつや人生の変遷を語り合うことにもつながります。そうして親しくなり、アイデアが広がって新たなビジネスにつながっていったこともたびたびありました。

神棚に神様をお祀りすると、その空間が清められ、邪気《じゃき》が祓われます。神棚を置くということは、そこで働いている人たちを大切にするということです。毎日、お水をかえ、お供《そな》えをしてお参りすることで、気持ちを新たに一日の仕事に励むことができます。教義や聖典がなくても「神様が見ている」という心で自らを律してきた日本人にとって、神棚があるだけで身が引き締まる思いがするのではないでしょうか。

日本では、それぞれの地域や職業をお守りいただく守り神として、共同体や職能集団などが各々の神様をお祀りしてきました。神様からのご利益をいただこうというだけでなく、同じ神様をみんなで大切にすることで、そこに属する者同士のつながりを強めてきたのです。定期的に行われる祭りなど、子どもの頃から神様を通した同じ体験を重ねることで、地域社会や集団への帰属意識と一体感が養われていきます。そうした精神的な支えとしての役割も神社にはあるのです。

日本では野球やサッカーのプロチームの選手やスタッフ一同でシーズン前に本拠地にある神社に必勝祈願をする場面がよく報道されます。神様のご利益をお願いすると同時に、運命共同体として一丸となってシーズンに挑むために、チームの一体感を高める儀式でもあります。

敷地内に独自の神社を設ける企業も少なくありません。ビジネスの成功を神様に願うだけでなく、経営者や従業員が新年などに一緒にお参りをして商売繁盛や従業員の安全を祈願し、祭りなども定期的に行うことで、共通の体験を通して心がひとつにまとまり業務に励もうという、共同体としての企業の精神的な支柱となってきたのです。日本的経営の特徴である終身雇用や年功序列はだいぶ変わってきましたが、日本の企業は会社と従業員の関係性が外国よりも深く、家族的とも言われてきました。神社を中心にまとまろうというのはとても日本らしいと思います。

伊勢神宮や出雲大社のように定期的な遷宮がある神社はもちろん、木造建築である神社は屋根の葺《ふ》き替えなどの修繕や、災害で倒壊したお宮の再建がたびたび必要になります。何億円もの費用がかかるこの事業の予算の中心となるのは、企業や個人からの寄付金です。

伊勢や出雲のように全国から参拝者が集まる神社には世界的な企業からの寄付がありますが、多くは地元の地域企業からが中心となります。地域社会の中心的な存在である神社の修繕に協力することは、地域に貢献する企業として地元の人々や他の企業からの信頼につながります。寄付した企業の名前は公表されますので、宣伝の効果も大きいのです。

初詣や例大祭《れいたいさい》などで神社を訪れた際は、境内に掲げられている奉名板《ほうめいばん》を見てみましょう。奉納者の中に取引のある企業の名前があるかもしれません。鳥居や狛犬《こまいぬ》の台座に奉納者として企業名が入っていることもあります。例えば伏見稲荷大社（京都市）の千本鳥居は多くが企業による寄進です。歴史のある神社なら、教科書にも載っているような戦国大名の名前も見つかるでしょう。神社への寄進は歴史に名を残すことにもなります。そうしたこともビジネスシーンで話題のきっかけになるのではないでしょうか。

神様と神道の話

お盆には先祖代々のお墓に参り、年末にはクリスマスを楽しみ、大晦日は除夜の鐘を聞いて、元旦に神社に初詣をする――。現代の日本人の暮らしには、仏教やキリスト教、そして神道に由来する行事が違和感なくなじんでいて、宗教とか信仰とかと意識することなくこれらを楽しんでいます。

博報堂生活総合研究所が1992年から隔年で行っている「生活定点」調査によると、「1年以内にした年中行事は何ですか？」の問いに64・2％（2024年）が「初詣」と答えています。「クリスマスの祝いごと」も51・1％（同）と半数を超えています。それぞれ92年は68・1％、58・1％で大きな変化はなく、生活に定着していることがわかります。

一方、「信じるものは何ですか？」に「宗教を信じる」と答えた人は16・9％（2024年）で92年の35・5％から13・5ポイント低下しています。「宗教を信じない」と回答した人は92年の64・5％から2024年には76・8％へ増加しています。初詣やクリスマスの祝いごとは年中行事として日本人の間で定着しているものの、「宗教」や「信仰」といった認識はあまりないことがうかがえます。

これは非常に日本人らしい宗教感覚ではないかと思います。日本の人々は古来、「八百万《やおよろず》の神」を崇めてきました。「八百万」とは文字どおりの八百万ではなく、数え切れないほどということです。日本の神道がいつから始まったのかはよくわかっていません。しかし、山や川、海など自然をはじめ、あらゆるものに神が宿るとみなしてきた日本人の信仰のあり方は、脈々と受け継がれてきたと考えられています。

日本の自然は変化に富み、豊かであると同時に不安定でもあります。豪雨や雷、干ばつ、地震、火山の噴火などが、大小の差こそあれ、日本列島のどこかで日常的に起こっています。現代でもそうした自然現象のメカニズムが科学的にすべて解明されているわけではなく、インフラ整備が進んでかなりの対策が取れるようになったとはいえ、それを上回る災害に襲われ深刻な被害が発生しています。科学もインフラも発達していなかった古代の人々にとって、自然災害がいかに恐ろしいものだったか。現代の私たちの想像を超えるものがあったことでしょう。

自然は豊かな恵みを与えてくれながら、時には人間にはどうにもならない規模の災害も引き起こします。日本列島の人々は、そうした自然そのものに神の存在を見出し、自然災害はその怒りによって起こされた「祟《たた》り」であるととらえました。神を祀って感謝を示し、怒りを鎮めることで厄災を避け、安寧を求めるという観念が日本の風土、生活の中から生まれ、やがて形式化されていったと考えられています。

また、人が死ぬと魂が霊として肉体から離れ、やがて子孫や人々全体を見守る祖霊《それい》神になると古来、考えられていました。自然崇拝やそうした祖霊信仰は世界各地に見られる信仰の形態ですが、日本では中国古代の思想や仏教、儒教などの影響を受けながら、「神道」という特徴ある儀礼や信仰のかたちがつくられてきたと考えられています。

キリスト教やイスラム教などの場合、預言者が現れて「神の言葉」を人々に示しました。どのように生きるのが「正しい」のか述べられていて、自然災害は人々がその戒めを破ったときに「罰」として神が引き起こすものとされています。傲慢になった人間に怒った神が大洪水を起こす「ノアの箱舟」の物語はその典型です。

しかし、神道にはそうした預言者や創始者はいませんし、神から降ろされた言葉とされる聖書やコーランのような聖典もありません。神とはどのような存在であり、何をしたらどのように怒るのか、言葉として神からあらかじめ示されてはいません。

日本列島では、自然や動植物、人間も含め、超自然的な力を持ち、畏敬《いけい》の念を抱かせるようなものであれば善悪を問わず神とされてきました。神々は目に見えない存在であり、風や雷などの自然現象として現れたり、木や石、火などの自然物や鏡、御幣などの依《よ》り代《しろ》に宿ったり、人に憑依して託宣《たくせん》したりすることで力を発揮します。そうした物や現象などを通して意識されるのが日本人にとっての神々であり、抽象・観念・理念的な存在ではありません。恵みだけでなく災害ももたらし、善悪一方のみの存在でもないのです。

神々が人間的な姿として意識されるようになったのは、仏像を祀る仏教の影響とされていますが、神々は人間のように反応するので、人間に対するように接するべきだと考えられてきました。祀られなかったり、祀り方が不十分であったりすれば神々が祟り、災害のように破壊的な行動を示しますが、祀られると穏やかになって恵みをもたらすとされています。人々は神々を祀るにあたって心身を清め、山や海の幸を供《そな》え、踊りや音楽、詩歌などを奉納し、そうすることで神々が喜び、願いをかなえてくれると信じてきたのです。

日本列島は多種多様な災害が頻繁に発生する世界にもまれな災害大国で、それまで築いてきたものが跡形もなく破壊されてしまうことがたびたび起こります。災害を引き起こす神々の行動は人間からみれば時に理不尽としか思えないものであり、とにかくお鎮まりいただいて恩恵を賜りたいという信仰のかたちは、神々そのものである自然とともに生きてきた日本人らしいものだといえます。

日本で「神道」という言葉が最初に現れるのは、古《いにしえ》より伝わる神話を8世紀初頭に編纂した『日本書紀』で、6世紀に大陸から伝来して日本社会に広まった仏教に対して、日本古来の信仰心を表したものです。経典によって伝えられる仏教が「教え」であるのに対し、神様を敬う心を言葉ではなく儀礼を伝承することで受け継ぐ神道が「道」とされているところに、その独自性がうかがえます。

英語の「religion」に「宗教」という日本語訳があてられたのは明治時代になってからで、創始者がおり、聖書という聖典があって、洗礼を受けることで入信するキリスト教をイメージしてつくられた言葉です。現代でも日本人が初詣で神社にお参りしたり祭りに参加したりしながらも「宗教」「信仰」という認識がないのは、そもそも言葉のイメージに合わないということもあるように感じます。

第2章で触れますが、明治から終戦まで「神社は宗教ではない」という政策があり、神社での祭祀《さいし》や参拝と宗教・信仰をわける時代がありました。イベントと宗教は別、という感覚は現代の日本人にもあるのかもしれません。日本人は宗教に寛容ともいわれますが、自分の信じる宗教を公表すること、されることに抵抗のある人も多いのではないでしょうか。そうした内面には踏み込まないという人間関係の距離感によるものなのかもしれませんが、あえて触れたくないという微妙な意識もある気がします。また、神道や仏教など日本の宗教は、自分だけでなく他人に対しても規範を求めるということがあまりないということも大きいように思います。みなさんはどのように考えるでしょうか。

時代が下るにしたがって神道にも様々なものが生まれてきますが、元来の神道は死を「穢《けが》れ」とみなします。死者を祀ることで生きている人間を穢《けが》れから清めることはできますが、死者本人を清めることはできません。死後に極楽や天国へ行くための修行やテストの場として現世を生きる仏教やキリスト教、イスラム教の世界とは異なり、神道には来世のために現世があるという発想はありません。神道の神々は、人々に自らの罪を自覚させて奉仕させる畏怖の神ではなく、お鎮まりいただいてお守りいただくという、現世のための親しみやすい神々なのです。ビジネスのためのご利益をお願いすることに何ら問題がないどころか、神様を敬い感謝することでむしろそれをお喜びいただけるのです。

神様は「日本すごい」のよりどころ

日本のテレビ番組や書籍などで「日本すごい」という特集をよく見かけます。日本の文化や技術、自然を紹介し、いかに日本が特別であるかを知ってもらおうというものです。この「日本すごい」は今に始まったものではなく、日本の歴史の中でたびたび再認識されてきました。そのよりどころになってきたのが八百万《やおよろず》の神々です。

日本は7世紀後半から8世紀初頭にかけて、各地域の首長を束ねるだけの「倭国《わこく》」から中央集権の古代国家「日本」へと脱皮しました。中国の法体系である律令をまねた律令国家となりましたが、日本オリジナルの制度として定めたのが、朝廷で行う宮中祭祀《きゅうちゅうさいし》の規定と、全国各地の神社を通した国内統治の仕組みです。「大王《おおきみ》」から「天皇《すめらみこと》」へと呼称を改めたのもこの時期です。

現存する日本最古の文書である『古事記』と、国家として最初の正史『日本書紀』はこの頃編纂されました。それぞれの氏族や地域で祀られていた神々の中でも最高の神として天照大御神《あまてらすおおみかみ》がおり、日本を統治するのはその子孫の天皇であるという権力の正当性の根拠が語られています。

『日本書紀』は当時の国際語である漢語で書かれ、中国の歴史書の書体である時系列の編年体でまとめられています。外国に対して、特に当時の先進国である中国に向けて日本をアピールするためのものだったとされています。

中国では、最高神「天帝」から命を受けた人間の「皇帝」が地上を統治しますが、皇帝がその「天命」にふさわしくなくなったとき、「易姓革命《えきせいかくめい》（天命が革《あらた》まり、別の姓の者が天子《てんし》の位《くらい》に就く）」が起こり統治者が入れ替わるとされています。統一国家が起きては滅ぶ中国の「天命」思想に対し、『日本書紀』がアピールしたのは、日本の王朝は天照大御神の子孫である「天皇《すめらみこと》」によって永遠に続くという、独自に編み出した「天孫《てんそん》」の概念です。

当時、日本国内は政変が続き、国としての過渡期にありました。また、朝鮮半島の騒乱に中国の唐や日本が介入し、東アジアは混乱の状態でした。内憂外患《ないゆうがいかん》のときだからこそ日本の歴史や文化を強烈に意識したのでしょう。

中国は歴史は長いかもしれないが、国としての歴史が長いのは日本だ——。中国の文化や思想、制度を取り入れてきたが、日本にしかない「すごさ」がある。その「すごさ」の根幹として強調されたのが八百万の神々の存在なのです。

八百万の神々は仏教徒にとっても支えになってきました。6世紀に伝来した仏教は日本全土へと広がっていきましたが、それでも神社が消えることはなく、人々は仏も神々も崇め続けてきました。その要因のひとつとして、仏教の側も八百万の神々を必要としたという点が挙げられます。

仏教の歴史観に、釈迦《しゃか》が入滅《にゅうめつ》（悟《さと》りを得て亡くなること）した後、正しく修行が行われる時代から、次第に人々の信仰が衰え、やがて仏法が消滅し堕落した時代を迎えるという「末法思想」があります。日本では、釈迦入滅から2000年となる1052（永承7）年が末法の元年とされていました。仏教における世界の中心地は釈迦が仏法を説いたインドです。日本は最も遠い東の果てにあり、仏法が日本に届いたのは釈迦の入滅から1500年も過ぎてからです。辺境にある取るに足らない国である日本に仏のご加護は届かないのではないか……。「末法の世」が近づくにつれ、僧侶たちは恐怖にかられていきました。

その恐怖から〝救った〟のは八百万の神々の存在でした。劣悪な日本という地に住む人々を救済するために、仏が日本にふさわしい姿として現れたのが神々であり、むしろ日本にこそご加護があるのだという逆転の発想が生まれたのです。

この「神は仏の化身である」という本地垂迹説《ほんじすいじゃくせつ》は、仏が神を従える立場で神仏習合《しんぶつしゅうごう》を語る仏教の側の理屈です。しかし、日本は取るに足らないどころか「すごい」、なぜなら八百万の神々がいるからだと意識する僧侶たちが現れ、これを機に仏教の側から神道の研究が進み、刺激を受けた神道の側も理論化が進むなど、双方の発展につながりました。

八百万の神々がいる日本は特別な国だという意識が庶民の間にも広がっていったのは、蒙古襲来《もうこしゅうらい》、いわゆる「元寇《げんこう》」という国家滅亡の危機にさらされたことがきっかけです。

鎌倉時代中期の1274年と1281年の二度、モンゴル帝国が日本へ侵攻しました。鎌倉幕府は、全国の神社と寺にモンゴル軍の退散と国家の安泰《あんたい》を祈る「異国降伏祈祷《きとう》」を一斉《いっせい》に行うよう命じ、朝廷でも祈祷が続けられました。日本の武士の激しい抵抗で上陸を阻まれたモンゴル軍の船団は暴風雨で壊滅状態となり、侵攻を断念しました。台風はシーズンの間に一度は北九州を通るので、何カ月も海上に留まれば高い確率で被害にあいます。

しかし、一時は欧州まで支配した強大なモンゴル帝国の襲来は絶望的な状況だっただけに、神仏が近い存在だったこの時代の人々はこれを神力・神風によるものと信じました。

神社や寺は幕府に恩賞を求め、それぞれの布教の場で神々と祈祷の力を強調しました。この国難克服はことあるごとに振り返られ、「日本固有の神々によって生み出された日本は、神々によって特別に護《まも》られている」という「神国思想」が社会的に広まっていきました。神々をよりどころとした「日本すごい」が日本中で語られるようになったのです。

明治維新から太平洋戦争終戦までの日本は、自国の特色を「万世一系の天皇をいただく神国」であるとし、天皇崇拝を国民道徳の絶対的な根幹としました。キリスト教国である欧米に対抗し、天皇を頂点に国民を統合するためにうちだしたものですが、神道と神社は以前とは大きく異なるものになりました。

『日本書紀』の神武天皇の言葉をもとにした「八紘一宇《はっこういちう》」は国内をまとめるという意味でしたが、「全世界を天皇のもとに統合する」として海外進出の口実にされました。日本の支配下となった植民地には神社を建て、占領統治の象徴としました。国内統制と国威発揚、戦意高揚のために「神国」であることが強調され、特に戦時中は情勢が厳しくなればなるほど「日本すごい」が掲げられました。米国の戦艦に体当たり攻撃をした神風特別攻撃隊の名前の由来は、「日本すごい」の国民的原点である、元寇を退けた「神風」です。

日本の歴史の中で、対外的な危機にあったり自信を失ったりした重要な時期にこそ、人々は八百万の神々の存在を再認識し、「日本すごい」と考えることで乗り越えようとしてきました。「神国思想」は元来は、神々によってすべてがつくられ護《まも》られているという世界のどこにでもある素朴な信仰に根ざしたものです。しかし、それがいきすぎて排外的・独善的な主張の中でも用いられました。神道や神社が政治によって大きく変貌した時代のことでしたが、それも日本の神様にまつわる歴史であり、私たち日本人の歴史です。

日本の歴史は神様とともにありました。神様をありがたがるだけでなく、日本人が神様とどう関わってきたのか、歴史を知ることは大切なのではないでしょうか。

日本で最も祈り続けているのは天皇陛下

天皇は数多くの祭祀を営み、国家国民のために祈り続けています。

天皇が一代に一度だけ臨《のぞ》む皇位継承儀式「大嘗祭《だいじょうさい》」の中心儀式「大嘗宮の儀《だいじょうきゅう》」が、2019（令和元）年11月14日夜から15日未明にかけて、皇居の東御苑で行われました。宮中で行われる最も重要な儀式で、秘事のため非公開での催行です。

大嘗祭は、古代より行われてきた収穫祭が起源で、第40代天武《てんむ》天皇（在位673〜68

6年）の時代に制度として確立されました。応仁《おうにん》の乱（1467～1477年）の混乱で途絶えたものの江戸時代に復活し、明治時代に近代の定形が定められて現在もほぼこれを目安に行われています。

陛下は、宮中にある神殿「宮中三殿《きゅうちゅうさんでん》」で2019年5月1日に行われた「即位礼正殿《そくいれいせいでん》の儀」で即位を公に宣言しています。これは日本国憲法に基づいた国事行為で、天皇の自発的意思によるものではなく内閣の助言と承認を必要とする形式的儀礼であり、内閣の責任のもとに行われるものです。

一方、宗教色の強い大嘗祭については、政府は「国はいかなる宗教行為もしてはならない」という政教分離の原則に基づき、国事行為ではなく皇室の私的な行事としています。ただ、大嘗祭は国の重要な儀式であるとして、総額約24億4300万円の費用は皇室関連の公的予算である宮廷費から支出されました。

大嘗祭とは、毎年11月に天皇が自ら行う祭祀《さいし》「新嘗祭《にいなめさい》」を、即位して最初に行う儀式のことです。大嘗祭は一代に一度だけですが、新嘗祭は毎年行われています。これは宮中と全国の神社で行われる収穫祭で、稲作の始まった弥生時代が起源とみられています。1873（明治6）年に太陰暦から太陽暦へ改暦されてからは11月23日から24日にかけて行うと定められ、現在でもそれが引き継がれています。

現在の宮中では年間に主に24種の祭祀が行われています。そのうち天皇自ら祭典を行って御告文を読む祭祀を「大祭」といい、皇室の祭祀を司る掌典長《しょうてんちょう》が祭典して天皇が拝礼する祭祀を「小祭」と呼びます。宮中で行われる恒例の祭祀は１９０８（明治41）年の「皇室祭祀令」をほぼ踏襲しています。

戦後は宮中祭祀《きゅうちゅうさいし》はいずれも皇室の私的な行事とされ、日用の費用である「内廷費」から経費が支出されています。神事に公費を支出すると憲法の政教分離規定に抵触するからです。天皇の一家をお世話する侍従職のほとんどは国家公務員ですが、祭祀を行う神職である掌典職は皇室が私的に雇用しています。

祭祀は皇居内にある宮中三殿と神嘉殿《しんかでん》で行われます。宮中三殿とは天照大御神を祀る「賢《かしこ》所《どころ》」、歴代の天皇や皇族の霊を祀る「皇霊殿《こうれいでん》」、天神地祇《てんじんちぎ》を祀る「神殿」の総称で、神嘉殿は新嘗祭を行う殿舎です。賢所は古代から宮中で奉斎され、皇霊殿と神殿は明治維新以降に新たに設けられました。

宮中で行われている主要な祭祀は以下のとおりで、主に記紀神話に基づく祭祀と皇霊への祭祀に大別できます。太字の祭祀が、天皇が自ら祭典を行う大祭です（45ページの図を参照）。

古代より続く祭祀は、豊作祈願の祭りである2月の「祈年祭《きねんさい》」、収穫を感謝する10月の「神嘗祭《かんなめさい》」、皇祖・天照大御神と天神地祇へ新穀《しんこく》を備える11月の「新嘗祭」、6・12月の「節折《よおり》」「大祓《おおはらえ》」です。ほかは明治維新以降につくられた新しい儀礼です。

維新以降、天皇が自ら祭主を務める13の祭祀《さいし》が定められ、その中の新嘗祭と、伊勢神宮の祭祀《さいし》を宮中でも行うようになった神嘗祭を除く11の祭祀《さいし》は新たに創始されました。特に重要だったのは戦後は行われていない「紀元節祭《きげんせつさい》」で、1873（明治6）年、初代神武《じんむ》天皇の即位日を2月11日と定め、宮中で天皇自身が祭典をする祭日としました。

太陽暦を採用した1873（明治6）年の改暦を機に宮中祭祀の日が国民の祝祭日となり、国民に浸透していきました。新年と「紀元節祭」「天長節祭《てんちょうせつさい》（現在の天長祭・天皇誕生日）」「明治節（明治天皇の誕生日）」は全国の学校で児童生徒が天皇の御真影《ごしんえい》に最敬礼し、教育勅語の奉読《ほうどく》などをする儀式や、各種団体の記念行事が行われました。日本の支配下に入った海外の植民地でも同じ祝祭日が導入されて式典が開かれ、人々は「天皇の臣民《しんみん》」としての生活のリズムと体験を共有することとなりました。

戦後、国家祭祀《こっかさいし》を法制化した明治以降の一連の皇室令はすべて失効したものの、現在の宮中祭祀は基本的にそのまま踏襲しています。戦前の国家体制を象徴すると考えられて「紀元節祭」は廃止されましたが、宮中では臨時御拝《ぎょはい》として同様の祭祀《さいし》が行われています。

宮中で行われている主要な祭祀《さいし》

1月1日	四方拝《しほうはい》	早朝に天皇が神嘉殿南庭で伊勢の神宮、山陵および四方の神々を遥拝する年中最初の行事
	歳旦祭《さいたんさい》	早朝に三殿で行われる年始の祭典
1月3日	元始祭《げんしさい》	年始に当たって皇位の大本と由来である天孫降臨を祝い、国家国民の繁栄を三殿で祈られる祭典
1月4日	奏事始《そうじはじめ》	掌典長が年始に当たって、伊勢の神宮および宮中の祭事のことを天皇に申し上げる行事
1月7日	昭和天皇祭	昭和天皇の崩御相当日に皇霊殿で行われる祭典。夜は御神楽《かぐら》がある
1月30日	孝明《こうめい》天皇例祭	孝明天皇の崩御相当日に皇霊殿で行われる祭典
2月17日	祈年祭《きねんさい》	三殿で行われる年穀豊穣祈願の祭典
2月23日	天長祭《てんちょうさい》	天皇の誕生日を祝して三殿で行われる祭典
春分の日	春季皇霊祭《しゅんきこうれいさい》	春分の日に歴代の天皇や皇后、皇親の霊を祀る先祖祭
	春季神殿祭《しゅんきしんでんさい》	春分の日に神殿で行われる神恩感謝の祭典
4月3日	神武《じんむ》天皇祭	神武天皇の崩御相当日に皇霊殿で行われる祭典
	皇霊殿御神楽《こうれいでんみかぐら》	神武天皇祭の夜、特に御神楽を奉奏して神霊をなごめる祭典
6月16日	香淳皇后例祭《こうじゅんこうごうれいさい》	香淳皇后（昭和天皇の皇后）の崩御相当日に皇霊殿で行われる祭典
6月30日	節折《よおり》	天皇陛下のために行われるお祓いの行事
	大祓《おおはらえ》	神嘉殿の前で、皇族をはじめ国民のために行われるお祓いの行事
7月30日	明治天皇例祭	明治天皇の崩御相当日に皇霊殿で行われる祭典
秋分の日	秋季皇霊祭《しゅうきこうれいさい》	秋分の日に皇霊殿で行われるご先祖祭
	秋季神殿祭《しゅうきしんでんさい》	秋分の日に神殿で行われる神恩感謝の祭典
10月17日	神嘗祭《かんなめさい》	賢所に新穀をお供えになる神恩感謝の祭典。この朝、天皇は神嘉殿において伊勢の神宮を遥拝
11月23日	新嘗祭《にいなめさい》	天皇が、神嘉殿において新穀を皇祖はじめ神々にお供えし、神恩を感謝された後、天皇自らも食す祭典。宮中恒例祭典の中の最も重要なもの。天皇自ら栽培した新穀もお供えする
12月中旬	賢所御神楽《かしこどころみかぐら》	夕刻から賢所に御神楽を奉奏して神霊をなごめる祭典
12月25日	大正天皇例祭	大正天皇の崩御相当日に皇霊殿で行われる祭典
12月31日	節折《よおり》	天皇のために行われるお祓いの行事
	大祓	神嘉殿の前で、皇族をはじめ国民のために行われるお祓いの行事

祝日としての「紀元節」も１９４８（昭和23）年に廃止されましたが、１９６６（昭和41）年に「建国記念の日」として祝日に制定されました。「春季《しゅんき》皇霊祭《こうれいさい》」は「春分の日」に、「天長節（4月29日・昭和天皇の誕生日）」は「みどりの日」になったのちに「昭和の日」に、「秋季《しゅうき》皇霊祭」は「秋分の日」に、「明治節」は「文化の日」に、「新嘗祭」は「勤労感謝の日」に名称を変更されて引き続き祝日となっています。

　宮中祭祀のほとんどが明治以降に新たに創始されたということもあり、明治天皇や大正天皇はあまり熱心でなかったともいわれています。しかし、昭和天皇は特に満州事変１９３１（昭和６）年以降はそれまで以上に真摯に取り組み、体調を崩されて１９８９（昭和64）年に崩御されるまでその姿勢は変わらなかったそうです。戦後の象徴天皇としての理想像を模索し、戦跡や被災地への慰霊とお見舞いの旅を続けた上皇陛下《じょうこうへいか》（前天皇）も、祭祀を大切に受け継がれたそうで、年間に数多くの祭祀《さいし》を行うある有力神社の宮司も「日本で一番祈り続けているのは天皇陛下（現上皇陛下）」と言い切っていたほどです。

　２０１９年5月の「即位礼正殿の儀」で即位を内外に宣言された今上天皇《きんじょうてんのう》は「国民の幸せと世界の平和を常に願い、国民に寄り添いながら、憲法にのっとり、日本国及び日本国民統合の象徴としてのつとめを果たすことを誓います」と述べられています。

神社が抱える問題

近年、境内《けいだい》にマンションを建てる神社が増えています。ほとんどの神社には鎮守《ちんじゅ》の森があり、都会の中にあっても緑豊かで清浄な空気に包まれているので、たしかに住むには最高の環境かもしれません。しかし、歴史ある神社の神域に、なぜマンションが建てられるようになったのでしょうか。

京都三大祭のひとつ「賀茂祭（葵祭《あおいまつり》）」で知られる下鴨神社（京都市左京区）は2017年、境内に高級集合住宅を建設し話題となりました。鉄筋コンクリート造り3階建ての8棟、総戸数は99戸。2LDK~3LDKで、2023年の相場では3億円を超える価格の部屋もあります。

下鴨神社の正式名は賀茂御祖神社《かもみおやじんじゃ》。『日本書紀』に崇神《すじん》天皇7（紀元前90）年に社殿造営の記録がある由緒ある神社です。『枕草子』や『源氏物語』にも登場する鎮守の森は「糺《ただす》の森」と呼ばれ、約12万平方メートルの広大な敷地には、紀元前3世紀ごろの古代原生林の植生《しょくせい》が残されており、1994年には世界文化遺産に登録されました。マンションの敷地は境内ではありますが、その指定区域外の駐車場や研修施設があった場所です。

下鴨神社では1036（長元9）年から、21年に一度、式年遷宮《しきねんせんぐう》が行われてきました。戦乱や災害のために期間が延びた時期もありましたが、約1000年にわたって受け継がれてきた重要な事業です。本来の式年遷宮はすべての建物を新しくするのですが、現在は本殿2棟は国宝、社殿53棟は重要文化財のため、傷んだ場所の修繕だけが行われています。

問題は、その事業費の捻出です。神社の収入の柱は、お賽銭《さいせん》のほかに祈祷、婚礼などの玉串料《たまぐしりょう》、お守りやおみくじなど授与費への初穂料《はつほりょう》です。境内の構造上、難しいこともあり、拝観料を取る神社はほとんどありません。参拝者の多い有名な神社であれば日々の運営費はまかなえますが、式年遷宮となると寄付金を募るしかありません。修学旅行の中高生や外国人観光客にも人気の下鴨神社は新型コロナウイルス感染症まん延前には年間170万人が訪れたそうですが、それでも事情は大きく変わりません。

2015年に行われた式年遷宮は総事業費約30億円で、国の補助金は8億円。残りは企業や個人からの寄付金でまかなうしかありませんでしたが、寄付金集めに奔走した当時はリーマンショックの影響などで景気が低迷し、集まったのは半分ほどだったそうです。

「全国の神社を回って寄付をお願いしましたが、文化財への寄付が社会貢献になるとは言っても、宗教である神社へはなかなか出せないという企業が以前より多くなっているようです。予算が足りない分の修繕は次の遷宮に回すことにしました」（新木直人宮司）

下鴨神社のマンションは土地の売却ではなく、50年の定期借地権契約となっており、遷宮の事業費をまかない、いずれは大切な土地も返ってくるということです。様々な案を検討したうえで、次の遷宮のためにもやむを得ないぎりぎりの選択だったそうです。

同様に境内にマンションを建てた神社は東京都内にも赤城神社（新宿区）や成子天神社《なるこてん》（新宿区）、東郷《とうごう》神社（渋谷区）、妙義《みょうぎ》神社（豊島区）などがあります。須賀《すが》神社（新宿区）は自らが大家となる賃貸物件を建てています。京都御所の東隣にある梨木《なしのき》神社（京都市）も社殿の修繕に苦慮して2013年、一の鳥居と二の鳥居の間に定期借地権のマンションを建てましたが、「神社の尊厳が失われる」と神社本庁が反対したため、梨木神社は神社本庁から離脱しました。

宗教法人である神社が収益事業を行うことについて、透明性を高めるべきだとの指摘もあります。ただ、ほとんどの神社にとって運営が厳しい状況にあるのが現実です。豊臣秀吉ゆかりの出世稲荷神社（京都市）は2012年、社殿の維持や修繕が困難になり、上京区から左京区に移転しています。境内の土地を中国企業に売ってしまった神社もあるそうです。

高齢化や少子化のほか、近隣にマンションが建って新たな住民は増えても地域に愛着のある地元の人々は減っていくなど、氏子が集まらず伝統ある祭りの開催が危ぶまれている神社もあります。山間部などでは一人の神職が10社以上の神社の宮司を掛け持っていることもめずらしくありません。後継者がおらず、管理がされずに荒れ果ててしまっている神社や、住宅密集地にあり、参道が周囲の住民の駐車場として使われている神社もあります。

神社の収入が安定しなければ、神職の給与も不安定になってしまいます。世界遺産の構成資産のひとつとして登録されている神社など有名神社で20年ほど奉職《ほうしょく》したある神職は、現在は神社とは関係のない民間企業で働いています。親しい神職のいる神社で臨時で祭祀を手伝うこともあるそうですが、「給料があまりにも安くて家族を養えないから」と神社で専門の神職として奉仕し続けることはあきらめざるを得なかったそうです。

日本人の暮らしとともにあり、日本の歴史に深く関わってきた神社はどうなっていくのでしょうか。これまでのように残していけるのか。どのようにして受け継いでいけばよいのか。私たちも真剣に考えなければならない時期が来ているのではないでしょうか。

コラム

日本の歴史は神社とともにあった

(旧暦)天正10年6月2日(1582年6月21日)早朝、京都の本能寺に逗留していた織田信長を、家臣の明智光秀の軍勢が襲いました。世にいう「本能寺の変」です。

当時、中国方面で毛利氏と対峙していた羽柴秀吉は信長に救援を要請し、これに応じることにした信長は本拠地の安土(滋賀県)を出て京に入り、本能寺で茶会を開くなどしていました。上洛の目的は明らかになっていませんが、6月3日には上賀茂《かみがも》神社(京都市)を訪れる予定だったそうです。

田中安比呂名誉宮司《ぐうじ》によると、同神社には信長を接遇《せつぐう》するために用意していたその日の昼食の献立表が古文書として残されているそうです。本能寺の変がなければ信長が食べるはずだった昼食とは、どのようなものだったのでしょう。ぜひとも再現していただいて、信長が食べられなかった昼食を食べ、その無念の一部でも晴らしてあげたいものです。

「相手は信長ですから、気に入られなければ潰されてしまうかもしれないということで、食べきれないほどの何種類ものごちそうを用意していたようです。今では再現できそうにないような料理も書かれています」(田中名誉宮司)

上賀茂神社は正式名を賀茂別雷神社《かもわけいかずちじんじゃ》といい、下鴨神社(正式名・賀茂御祖神社《かもみおや》)と本来ひとつの「賀茂神社」でした。「本能寺の変」で信長を討った光秀は、5日後に賀茂神社の領地を保護する禁制を出しています。神社での乱暴狼藉《ろうぜき》や、金や米を拠出させることを禁じ、違反したものは処分するという内容で、その文書も現存しています。この禁制の背景として、賀茂神社は「本能寺の変」の翌日に光秀に銭《ぜに》壱貫文《いっかんもん》(約10万円)を送っており、その記録も残されています。

信長を接遇するはずだったその日に、信長を討った光秀に銭を送っていたとは驚きです。武力を持たない神社が、戦国の世を生き抜くために情報網を駆使しながら支配者の動向に敏感に対応している様子が

➡P.52につづく

うかがえます。その後、光秀を討った秀吉にもお祝いを送った記録もあるそうです。

上賀茂神社だけでもこうした古文書が1万4000点もあります。鎌倉幕府を開いた源頼朝からの下文《くだしぶみ》や、豊臣秀吉が「木下」「羽柴」と名乗っていた時代に送った手紙も残されています。境内《けいだい》では様々なテーマでこうした古文書を展示していますので、特に歴史好きの方にはおすすめです。

賀茂神社が歴代の天下人にも重視されていたのは、平安京（現在の京都）の鎮守《ちんじゅ》であり、伊勢神宮に次ぐ社格を朝廷から与えられたとても有力な神社だからです。平安時代から鎌倉時代にかけて、朝廷から未婚の皇女が「斎院《さいいん》（斎王《さいおう》）」として送られて祭事に携わりました。これは伊勢神宮に次いで賀茂神社だけです。

江戸幕府を開いた徳川家の家紋は三つ葉葵で、賀茂神社の神紋はフタバアオイです。徳川家の前身である松平家が三河国の賀茂神社の有力な氏子だったため、神社の神紋を家紋に使用したといわれています。徳川幕府は賀茂神社の社殿改築を行い、賀茂神社からは毎年、フタバアオイの鉢植えを幕府に届けるという関係が続きました。

古来、日本人は神様の祟りによって災害が起きると信じ、一族と地域の安寧《あんねい》を願って神様を祀《まつ》ってきました。朝廷や豪族、大名は、様々な宝物を奉納し、社殿を増築・修繕し、所領を安堵するなどして神社を大切にしました。新たな権威をつくるよりも、人々に崇敬《すうけい》される神社を守ることで従来からの権威を取り込み、支配者としての正当性を示す現実的な選択でもありました。

あらゆる地位や階層、立場の人々の願い、思惑、野望が集まって成立してきたのが神社です。時代時代の国の体制によっても大きく影響を受けてきました。全国各地、津々浦々に鎮座する神社にはそれぞれの歴史が詰まっています。神社の歴史は日本の歴史そのものと言っても過言ではないのです。

第2章

日本の神様の基礎 I

教養人として知っておきたい日本の神様の歴史

縄文時代から「八百万《やおよろず》の神々」を崇《あが》めてきた日本人

神道は日本独特の「民族宗教」と言われていますが、その起源をどこまで遡《さかのぼ》るかについては様々な考え方があります。神道には仏教やキリスト教のような創始者はおらず、その信仰は日本人に自然と身についてきたものだからです。

日本列島はもともと森が多く、農地になっている平野もかつては照葉樹林が広がっていました。そうした森で狩猟採集の暮らしをしていた縄文時代に神道の源流を見出す人も少なくありません。現在の都市部にある神社でも境内《けいだい》には鎮守《ちんじゅ》の森があり、神道において森の存在が重要であることは間違いないでしょう。

科学の発達していない縄文時代の人々は、突然襲ってくる地震や台風、大雪、噴火といった自然災害を現代人には想像もできないほど畏《おそ》れたに違いありません。そうした自然そのものやその営みの中に精霊の存在を感じ、これを祀《まつ》ることで「祟《たた》り」を鎮《しず》め、安寧《あんねい》を願う「精霊信仰」ともいわれる信仰が生まれていきました。日本各地から出土しているこの時代の土偶や環状盛土遺構は、そうした祭りや儀式に用いられていたとみられています。

縄文時代が約1万年続いた後、紀元前800年ごろに大陸から稲作や鉄器が伝わって弥生時代（紀元前3世紀〜紀元3世紀）に入ると、それまでの土偶や環状遺構《かんじょういこう》はしだいに姿を消していきました。このことから、縄文時代と弥生時代では信仰の面で接続していないとの見方もあります。特に、現代の神道で神にお供《そな》えする御神饌《ごしんせん》は米や酒など米に関わるものが重要で、神道と稲作文化は切り離せない関係であることから、神道的な祭祀《さいし》の起源は弥生時代以降とみられています。

ただ、日本の祭りは稲作農業に関わるものばかりではありません。例えば、縄文時代の遺構が多数発見されている長野県諏訪地方にある諏訪大社の「御柱祭《おんばしらさい》」は、巨木を切り出して急斜面を落とし、集落を練り歩いて境内に屹立《きつりつ》させるという山の祭りという印象があります。諏訪大社には本殿はなく、御神体は山と神木です。穢《けが》れを嫌う神道の神社でありながら、かつては75頭のシカの頭やイノシシ、ウサギなどを生贄《いけにえ》として捧げていたという「御頭祭《おんとうさい》」は、「五穀豊穣《ごこくほうじょう》」を祈る祭りとされていますが、狩猟文化の要素が色濃く、縄文時代からの文化や精神世界の気配を感じる人も多いようです。

稲作の伝来によって平地への定住が進み、人口が増え、土地所有の概念や貧富の差が生じ、争いも発生するようになりました。作物の安定した収穫を願い、農地を開いた先祖に感謝する「祖霊《それい》信仰」が生まれ、共同体である氏族の長が祭祀である「マツリ」を担《にな》い、政治である「マツリゴト」を司《つかさど》りました。

自然を崇拝し、あらゆるものに精霊の存在を見出す縄文時代の「精霊信仰」に、氏族などの区分が生まれた弥生時代の「祖霊信仰」が融合し、やがて大陸から伝来する仏教や道教などの宗教や思想の影響を受けながら、日本人の信仰はかたちづくられていきました。

神道の歴史は、こうした個人の意識としての信仰と、共同体や国家による公的な性格の、ふたつの方向で展開していきました。

新しいものが好きだった日本の神々

弥生時代末期の3世紀に入ると、中国地方や四国、北陸、東海地方など日本各地に巨大な王の墓である古墳が造られるようになりました。各地の氏族がより力を持った豪族となり、邪馬台国のように中国と独自の交流を持つ勢力が生まれました。

297年に没した陳寿《ちんじゅ》が編した『三国志』の中の「魏書」倭人条（通称「魏志倭人伝《ぎしわじんでん》」）と呼ばれる部分には、そのころの日本の風俗が書かれています。まだ仏教伝来前ですが、葬儀の儀礼では肉を食べず、葬儀が終わると家族みんなで水に入って体を清めていたほか、貴人に対して拍手をして敬意を示すなど、その後の神道にも通じるような風習があったことがわかります。

4世紀ごろまでには、特に力を持った大和《やまと》（奈良県）地方の豪族の政治連合「大和王権《やまとおうけん》」が東北を除く国土の統一を果たしました。大和地方を中心に各地に大きな古墳が造られるようになり、副葬品として収められていた銅製の鏡や剣が、時代が下るにしたがってやがて鉄製になり、さらに土や石で作った模造品へと替わっていきました。

大和王権と関係の深い宗像大社《むなかたたいしゃ》（福岡県宗像市）の沖津宮《おきつぐう》が鎮座《ちんざ》する沖ノ島や、大神《おおみわ》神社（奈良県桜井市）の御神体《ごしんたい》である三輪山《みわやま》の神域《しんいき》の祭祀の跡からも、時代ごとに替わる同様の品々が酒や食べ物のための須恵器《すえき》（硬い陶質土器）とともに出土しています。鉄製の武器や武具、農具や工具、織機、ガラス玉の勾玉《まがたま》など、その時代に朝鮮半島から伝わった最新の素材や技術による貴重な品々を神々に捧げていたことがわかっています。

現代の神社祭祀《さいし》の神饌《しんせん》の品目は、奈良・平安時代の形態を伝えるものが多く、伝統を重視して同一品目を揃えることが神道の正しい祭祀継承《さいしけいしょう》とされてきました。しかし5世紀ころまでの祭祀では、むしろその時代の貴重な最新の品々を奉《まつ》ることが重要な作法だったようで、祭祀に対する観念が現代とは異なっていたとみられています。

5世紀前半からは、鏡や剣、勾玉などの石の模造品が呪術や儀礼のために各地で祭祀に用いられるようになります。小孔《しょうこう》が開けられていることから、『古事記』の天岩屋戸《あまのいわやど》（詳しくは第6章を参照）の前で榊《さかき》の枝に吊された「三種の神器《じんぎ》」のように、神様に捧げられたのではないかと考えられます。

4世紀後半以降、古墳には盾や甲冑《かっちゅう》などの物をかたどった埴輪《はにわ》が並べられていましたが、5世紀中ごろから埴輪は武具をまとった武人や鏡をつけた巫女《みこ》などの人物や馬具をつけた馬へと替わっていきました。祭祀でもこうした具体的な人物を表現した埴輪が用いられており、5世紀後半から6世紀にかけて、男女の性別を持つ人格的な神のイメージや祭式などに後の神道につながる原型が姿を表し始めました。

神道が成立した時代

大和王権《やまとおうけん》は、7世紀中ごろの「大化の改新《たいかのかいしん》」を経て政治体制を変革し、中国の法体系である律令にならった中央集権の「律令国家《りつりょうこっか》」となっていきました。奈良時代の7世紀後半から8世紀前半にかけて国家として行う祭祀《さいし》の体系が確立しており、これを神道の成立と考える見解は多いようです。

祭祀を担う日本独自の制度「神祇官《じんぎかん》」が、一般の政治を行う最高機関「太政官《だいじょうかん》」と同格の役所として置かれ、宮中で季節ごとに行う13種19度の恒例祭が定められました。新たに即位した天皇が一世に一度だけ行う大嘗祭《だいじょうさい》（詳しくは第1章を参照）や、伊勢神宮の20

年に一度の式年遷宮《しきねんせんぐう》が制度として始まったのもこの時代です。

豊穣祈願の祭りである2月の祈年祭《きねんさい》では、全国の主な神社に国家から幣帛《へいはく》（捧げ物）が捧げられました。幣帛を受ける神社として選ばれた神社を「官社《かんしゃ》」といい、律令の施行細則《しこうさいそく》が書かれた「延喜式《えんぎしき》」（927年）によると全国に2861社にものぼります。全国から上京してきた各社の祝《はふり》（神職の一種）が神祇官《じんぎかん》から幣帛を受け取り、各社へ持ち帰って祭神《さいじん》に捧げました。こうして幣帛をわけることを「班幣《はんぺい》」といい、6月と12月の月次祭《つきなみさい》、11月の新嘗祭《にいなめさい》でも行われました。

712（和銅5）年には、現存する日本最古の書物『古事記』が、720（養老4）年には日本最初の正史『日本書紀』が編纂されました。

大嘗祭や伊勢神宮の式年遷宮は現代まで継続する祭祀の大本《おおもと》にあり、記紀神話は、創始者がおらず聖典もない神道の宗教性の根幹となるものです。神道の成立期については諸説ありますが、律令祭祀制が現代につながる神道の大きな画期であるという見解は広く支持を集めています。

神々にも格差社会が到来

八百万《やおよろず》の神々といってもみな横並びなのではありません。神社にも神々にも格付けがされ、信仰の広がりにも格差が生じるようになりました。

奈良時代に整備された律令制度は中国にならったもので、日本社会には定着しませんでした。全国の土地や人民を朝廷が統括し、徴税や労役、兵役を課す制度でしたが、有力な皇族や貴族による私的な土地・人民の支配が増え、人民の逃亡や弱小農民の租税滞納などが頻発し、奈良時代中期の8世紀半ば以降、次第に機能しなくなっていきました。

律令制度における祭祀《さいし》は祈年祭《きねんさい》の班幣《はんぺい》が主軸でしたが、幣帛《へいはく》を受け取りに来ない地方神社も増えてきました。そこで798（延暦17）年に全国の官社を2つにわけ、都に近い神社を中心に、朝廷から直接幣帛を受け取る「官幣社《かんぺいしゃ》」、諸国の国司《こくし》から幣帛を受け取る「国《こく》幣社《へいしゃ》」とし、さらにそれらを大社と小社にわけて社格《しゃかく》を4つに分類しました。国司とは、朝廷から諸国に派遣された地方統治の長で、これによって上京が大変な遠隔地でも幣帛を受け取ることができる制度となりました。

また、特に第50代桓武《かんむ》天皇（在位781～806年）以降、官社のうち霊験《れんげん》あらたかな神社を「名神《みょうじん》」とし、朝廷から奉幣《ほうへい》する制度が盛んになりました。

788（延暦7）年、数カ月にわたって雨が降らず、雨乞いの祭り（祈雨祭《あまごいのまつり》）などの祭祀を行ったものの十分な雨に恵まれませんでした。そこで、伊勢神宮や近畿地方の名神を奉幣したところただちに効験《こうけん》がありました。農業が中心だった日本では雨乞《あまご》いや雨止《あまや》めといった祭りが重要で、名神への奉幣が効験ある祭祀として定着していきました。

927（延暦5）年にまとめられた「延喜式《えんぎしき》」の「神名帳《じんみょうちょう》」は、官社に指定された全国の神社2861社とそこに鎮座《ちんざ》する神々3132座の一覧です。これらの神社を「式内社《しきないしゃ》」といい、名神奉幣《みょうじんほうへい》の対象となったのはこの中の224社の306座です。

さらに、平安京付近と大和地域の計16社は、その年の豊作を願う年穀祈願《ねんこくきがん》や祈雨《きう》、祈晴《きせい》など国家的大事における臨時奉幣《りんじほうへい》の対象となり、次第に増えて22社となりました。また、藤原氏など天皇家に妻子を嫁がせている外戚氏族《がいせきしぞく》と関係の深い神社の祭祀は宮中の年中祭祀《ねんじゅうさいし》に組み入れられて公的祭祀《こうてきさいし》となりました。16社や22社のうちの多数がこうした神社です。このような特別な地位を得た神社へは多くの土地が寄進《きしん》され、「霊験《れいげん》あらたか」とされて各地に勧請《かんじょう》・分祀《ぶんし》（詳しくは第4章を参照）されて地方へと信仰が広がりました。

9世紀に入ると、朝廷が神々に人と同様の位階を与える神階制度が確立されました。神には正一位《しょういちい》から正六位上《しょうろくいじょう》までの15階までが授与され、特に16社のほとんどは三位以上（6

階以上）を得ています。三位以上の名神の神職には国家的立場を示す笏《しゃく》を持つことが許されました。現代では男性神職は全員が笏を持ちますが、当時は大変な名誉でした。

地方においても、諸国の国司からの申請による神階授与が増え、それぞれの国内の神々が序列化されていきました。各国内では、第一の地位を占めた神社を「一宮《いちのみや》」とし、以下を「二宮《にのみや》」「三宮《さんのみや》」などとする序列が進み、中央から赴任した国司《こくし》が参拝して朝廷からの神宝《じんぽう》を奉献《ほうけん》する順序として機能するようになりました。

祟《たた》りが怖い日本の神々

古代の日本の人々は神々による祟《たた》りを恐れていました。人々は自然を神と一体とみなし、天変地異や災害、疫病を神の祟りによるものととらえました。安寧《あんねい》に暮らしていくためには、とにかく祟りを鎮《しず》め、また未然に避けることが何よりも重要でした。

しかし日本の神々は何に怒っているのか自ら語ることはありません。いかなる神霊が、なぜ祟りとなったのか、卜占《ぼくせん》や神託《しんたく》によって示されることで初めて人間は知ることになります。そして、その原因となっている過《あやま》ちを改め、罪を償《つぐな》うことによって祟りを鎮めることができると考えられていました。

特に神の祟りを恐れたのは天皇です。天皇の体調不良は神々の祟りが原因であり、天皇の健康の不安は国家の不安定につながるとされていました。これまでに紹介してきた律《りつ》令《りょう》国家《こっか》としての祭祀《さいし》体系は、祭祀を通して地方を支配し、神々を天皇に従わせようとしたものという見方があります。しかしその根底には、全国の神々を適切に祀らなければ天皇への祟りを招くという恐れがあったと考えられています。

『日本書紀』の神話では、天照大御神《あまてらすおおみかみ》は御子《みこ》の天忍穂耳尊《あめのおしほみみのみこと》にのちの「三種の神器《じんぎ》」となる宝鏡《ほうきょう》を授《さず》けて「床を同じくし御殿《みあらか》を共にして、斎鏡《いわいのかがみ》と為《な》すべし」という「同床共殿《どうしょうきょうでん》」の神勅《しんちょく》を与えています。天忍穂耳尊の御子が天孫降臨《てんそんこうりん》した瓊瓊杵尊《ににぎのみこと》で、そのひ孫が初代神武《じんむ》天皇です。

ところが、第10代崇神《すじん》天皇の時代に疫病《えきびょう》がまん延して人口の半分が失われるなど混乱が続くと、天皇は宮殿の中で祀っていた天照大御神と倭大国魂神《やまとおおくにたまのかみ》を御殿《ごてん》の外に遷《うつ》しました。神威《しんい》を恐れたからです。天照大御神は次の垂仁《すいにん》天皇の時代に伊勢に遷座《せんざ》されています。それまで代々の天皇は「同床共殿」の神勅《しんちょく》に従っていましたが、崇神天皇以降、祟りを恐れて神を遠ざけたのです。

その後、再び災害が起こると崇神天皇は大物主神《おおものぬしのかみ》からの神勅を得て祀りましたが、それでも災害は収まりませんでした。天皇が身を清めて祈願《きがん》をすると「我が子の大田田根子《おおたたねこ》に私を祀らせれば、たちどころに安定するだろう」との神勅《しんちょく》を得ました。大物主神の子孫を名乗る大田田根子を見つけ、大物主神を祀る祭主としたところ、災害が収まったといいます。災害は大物主神を適切に祀らなかったことへの祟りであり、祭祀は天皇が行うのではなく大物主神の子孫に委託するという祭祀のあり方を大物主神から示されています。

大物主神は大和王権の本拠地である奈良盆地を見下ろす三輪山に鎮座する神で、大和王権にとって極めて重要な神でした。記紀神話では、天孫に国譲りをした出雲の大国主神と同一とされています。

垂仁《すいにん》天皇の第一皇子・誉津別命《ほむつわけのみこと》は大人になっても言葉を発することができませんでした。天皇の夢に現れた何者かが「私の宮を天皇の宮のように造り直したなら、皇子はしゃべれるようになるだろう」と述べ、天皇が卜占《ぼくせん》をしたところ、「出雲大神の祟《たた》り」とわかりました。皇子《みこ》が出雲大社をお参りすると話せるようになり、喜んだ天皇は出雲大社の宮を造営しました。

出雲の大国主神は冥界を司る、地上の神々（詳しくは第3章を参照）を代表する神です。地方・在地の神々を適切に祀らなければ祟られ、手厚く祀れば逆に守護神になるということが伝わってくる神話です。

『古事記』や『日本書紀』では、第14代仲哀《ちゅうあい》天皇は九州に遠征した際に神託を疑い、従わなかったために神の怒りを買って崩御《ほうぎょ》したとされているほか、第40代天武《てんむ》天皇が病に臥せった際は、宮中に置いていた「三種の神器」のひとつ、草薙《くさなぎ》の剣《つるぎ》（天叢雲剣《あめのむらくものつるぎ》）の祟りであるという卜占《ぼくせん》が出たと記しています。

平安時代になっても、第53代淳和《じゅんな》天皇が病に倒れた際には、東寺《とうじ》（京都市）の五重塔建立のために伏見の稲荷大社《いなりたいしゃ》の木を切ったことの祟りと卜占で出たため、朝廷は稲荷神《いなりがみ》をなだめるために従五位《じゅごい》下の神階《しんかい》を授与し、のちに最高位の正一位《しょういちい》を贈っています。

神話の時代から奈良後期・平安前期には特にこうした神の祟りが多く起こったといわれています。天皇は神々の祟りを特に恐れていましたが、天皇はあくまでも自らの祖神《そしん》である天照大御神の祭主であり、他の氏族の神を直接祀ることはできないとされていました。天皇への祟りを防ぐためには全国の神々を適切に祀らなければならないのですが、その神々を天皇が直《じか》に祀ると祟られる恐れがあったのです（宗像三女神など例外はあります）。

全国の神社に幣帛《へいはく》が配られる宮中祭祀の祈年祭《きねんさい》では、全国から集った神職に幣帛を渡すのは天皇からではなく神祇官《じんぎかん》からで、各神社での祭祀はそれぞれの神社の神職が行いました。逆に、天皇以外による伊勢神宮への奉幣《ほうへい》は禁じられていました。これを「私幣禁断《しへいきんだん》」といいますが、天皇が他の神を祀ることができないのと同様、他氏族や他者は天照大御神を祀ることはできないという一貫した原則の中のことと考えられています。

古代の日本では、諸国の統治や祭祀を担っていたのは朝廷から認められた在地の氏族で、これを「国造（こくぞう・くにのみやつこ）」と言いましたが、律令国家となった8世紀以降、朝廷から派遣した国司《こくし》にその任務を担わせるようになっていきました。支配の強化とともに、祭祀が適切に行われるよう管理する目的がありました。全国の官社を格付けしたのも、地方でも国家としての祭祀を滞《とどこお》りなく行えるようにする狙いがあったとみられています。

京の都の周辺や大和《やまと》地方の16社・22社の神社への奉幣《ほうへい》や、神々への階位の授与も、霊験《れいげん》あらたかな神々をより手厚く祀《まつ》ることで祟りを防ぎ、強力な守護を得ようという狙いがあったのです。

祟りを避けるため仏も受け入れた

日本に仏教が伝来したのは6世紀とされています。仏教には女性は修行をしても仏になれないとする思想がありますが、崇仏派《すうぶつは》の蘇我氏《そがし》は最初に3人の女性を出家させて尼にさせており、巫女《みこ》が神々を祀るような位置づけだったのではないかとみられています。天皇は自ら仏教を信仰せずに蘇我氏に委ねており、天皇が直接祭祀をしない神との距離感と通じるものがあり、日本の伝統的な神の観念の中で仏教をとらえていたと考えられます。律令《りつりょう》制度の構築を進めた天武《てんむ》天皇（在位673〜686年）は、国家の重要な柱として神々とともに仏教を位置づけました。諸国に教典を配布し、有力氏族に氏寺《うじでら》（のちの菩提《ぼだい》寺《じ》）を建立させ、僧侶には天皇や国家のための祈祷《きとう》に専念させました。

724年に即位した聖武《しょうむ》天皇は、地震や凶作、疫病のまん延など災いからの救いを仏教に求め、諸国に国分寺《こくぶんじ》と国分尼寺《こくぶんにじ》を建立《こんりゅう》するよう命じ、奈良の東大寺に大仏を造りました。こうして仏教は国造りの中心となっていきました。

7世紀ごろの朝鮮半島の戦乱から日本列島に逃れた難民の中に多数の僧侶もおり、各地に仏教や進んだ技術、文化を広めました。神社に社殿が設けられるようになったのは、優れた建築技術によって建てられた寺院の影響があるといわれています。仏教は中央の朝廷からだけではなく、地方からも広まっていったのです。

神仏習合は日本独自の文化という印象がありますが、仏教がインドから波及していく中で世界各地で起こっています。日本の神仏習合の思想も、中国から伝わって中央から地方へと受け入れられていったものと考えられています。

8世紀以降は各地の神社の周辺に「神宮寺《じんぐうじ》」が増え、神前《しんぜん》で読経《どきょう》が行われるようになりました。また、寺院では仏法守護のために「鎮守社《ちんじゅしゃ》」が建てられ、鎮守神の神威《しんい》を高めるために僧侶が仏事を行ない、神職が祭祀を執り行いました。

仏教側では、神々は迷いの世界に生きる「衆生《しゅじょう》」のひとりで、仏に救われることで神の身を離れて仏教を護る護法善神となるとされていました。これを「神身離脱《しんしんりだつ》」といいます。仏教が普及していく過程で神々を取り込んでいくための理屈とも、従来から人々が崇めてきた神々と、新たに広まった仏との関係を説明するためのものとも言われています。

従来の神信仰では御神体《ごしんたい》として立ち入りを禁じられていた山岳で修行をする者も現れ始めました。仏教伝来以降、山への認識が変わっていき、むしろ霊力を得ることを期待して積極的に山に入っていくようになったのです。代表的なのは、葛城山《かつらぎさん》や吉野金峯山《よしのきんぶせん》、大峰山《おおみねさん》を開いた役小角《えんのおづぬ》、白山を開山した泰澄《たいちょう》などで、神道に仏教や道教《どうきょう》、陰陽道《おんみょうどう》など中国から伝来した思想が融合した日本独自の信仰「修験道《しゅげんどう》」が生まれていきました。ここでも、従来の神信仰と対立することについての合理的な説明として「仏教によって神々を救う」という「神身離脱《しんしんりだつ》」が用いられました。

神々を信じていた人々の側にも仏教を受け入れる理由がありました。当時の人々は、神々の祟りによって疫病《えきびょう》や災害、天変地異が起きるととらえており、祭祀を行って神々を鎮めることで神が神威《しんい》を取り戻し、秩序が回復すると考えていました。「神身《しんしん》離脱」は、荒ぶる神々を祀《まつ》って鎮め、その力を回復することで共同体の危機を乗り越えようとする、日本の伝統的な祭祀の観念を仏教的に表現したものという解釈もされています。

熱心に祭祀を行っていても災害がなくなることはありませんでした。都市が発展して人口が増えると疫病がまん延しやすくなり、被害も甚大なものになりました。祈るしかなかった当時の人々は、災害がなくならないのは神々が従来の祭祀だけでは満足しなくなったからではないかと考えました。人々は、神々が神宮寺創設や神前読経《しんぜんどきょう》を望んでいると信じ、従来の祭祀に加えて仏事も行うようになっていきました。神仏習合《しんぶつしゅうごう》が広がっても、神社や祭祀が消えていったわけではないのです。

日本の人々は、神々の祟りを避け、疫病や災害、天変地異を乗り切るために外来の宗教である仏教をも受け入れました。これはやがて御霊信仰《ごりょうしんこう》（詳しくは第4章を参照）へと発展していきました。

「神は本当は仏です」という説

仏教が6世紀に伝来してから明治時代に入るまで、神道の歴史のほとんどは神仏習合《しんぶつしゅうごう》の時代でした。特に盛んだったのが平安時代から中世にかけての時期で、この間に完成したのが「本地垂迹説《ほんじすいじゃくせつ》」です。

神々はもともとは仏や菩薩《ぼさつ》で、日本の衆生《しゅじょう》を救うために仮に神の姿となって現れたという説で、仏は神の本地《ほんじ》（本来のあり方、本体）で、神は仏の垂迹《すいじゃく》（衆生《しゅじょう》を救済するためにこの世に現れること）であるという意味です。両者は同体《どうたい》であり不可分の関係ととらえられました。熊野権現《くまのごんげん》や白山権現《はくさんごんげん》など、「仏が権《かり》に神として現れる」という意味の「権現《ごんげん》」の神号が神に対して用いられるようになりました。

国内の神々には、それぞれ特定の具体的な仏・菩薩《ぼさつ》が本地《ほんじ》として当てはめられるようになりました。隣接する神宮寺の本尊《ほんぞん》や、その神と性格の似た仏や菩薩であるなどで本地説《ほんじせつ》が立てられ、例えば女性神である天照大御神は女性的イメージの強い観音《かんのん》とされたり、太陽神であることから大日如来《だいにちにょらい》とされたりしました。式年遷宮《しきねんせんぐう》ごとに建て替えられる伊勢神宮の心御柱《しんのみはしら》は、役目を終えると大日如来像が刻まれました。

本地とされた仏の霊験はその神の御神徳の説明にも役立ちました。神々は仏と同等の力を持つことになり、より霊験あらたかな存在として地位を高めることにもなったのです。

仏教の側も神の存在を強く意識していました。仏法が消滅して堕落した時代となる「末法の世」の到来を恐れた中世の僧侶たちにとって、仏が日本にふさわしい姿として現れたのが神々だという「本地垂迹説」は、むしろ神々がいる日本にこそご加護《かご》があるのだという救いにもなったのです（詳しくは第1章）。

現在の日本人の神社との関わり方にも通じる大きな変革にもつながりました。神社では本来、氏族や地域、国家の安寧《あんねい》のための祈願《きがん》が行われていました。個人の救済を想定したものではなかったのです。しかし、神仏が習合し、個人の願望を満たして救済する仏・菩《ぼ》薩《さつ》と神が一体と認識されたことで、神社においても個人による祈願が行われるようになりました。神社は氏族や地域を超えて、個人的な信仰に基づいたお参りや祭祀ができる場へと変わっていったのです。

古い時代に立ち返る神道

15世紀後半に起こった応仁《おうにん》の乱によって都は戦場となり、多くの建造物や資料は灰燼《かいじん》に帰して、多くの伝統文化や習慣が途絶えました。室町幕府は衰退し、戦国の世へと入っていきました。

全国の神社は侵攻してきた大名に社領《しゃりょう》（領地）を奪われ、武装したり地元の大名に加勢したりして抵抗した神社もありました。社領を安堵《あんど》することで神社の権威を取り込もうとする大名もありました（詳しくは第1章を参照）。

16世紀後半に豊臣秀吉によって天下が統一され、ようやく戦国時代は終局を迎えました。

秀吉は神社が武装することを禁じる代わりに社領を安堵しましたが、太閤検地《たいこうけんち》によって社領はさらに奪われました。

その後、徳川家康によって江戸幕府が開かれると、幕府や諸藩も神社の社領を安堵しました。幕府が安堵した社領を「朱印領《しゅいんりょう》」、諸藩が安堵した社領を「黒印領《こくいんりょう》」といい、明治政府に社領が没収されるまで続きました。

織田信長や豊臣の支援により伊勢神宮で1585（天正13）年に123年ぶりに式年遷宮《しきねんせんぐう》が行われたほか、江戸時代に入ると、中断されていた宮中の大嘗祭《だいじょうさい》や、石清水八幡宮《いわしみずはちまんぐう》の放生会《ほうじょうえ》、賀茂神社の賀茂祭、春日大社の春日祭などが復興しました。

下剋上が相次いだ戦国時代が終わり、徳川幕府は確固たる支配体制を敷くために君臣《くんしん》の別や上下の序列を道徳とする儒教《じゅきょう》を重視しました。儒学者たちが広めた神道を「儒家神道」といい、神仏習合《しんぶつしゅうごう》を否定し、神道を儒教で説くほうがより正確であると説きました。

神道からさらに儒教をも分離させようとしたのが「国学」で、これを「復古神道」ともいいます。中国由来の仏教や儒教の考えを用いずに『古事記』などの古典を忠実に読み解くことで、神代や上代の日本文化や「大和心《やまとごころ》」を明らかにしようというものです。国学の進展によって知識人の間に尊王《そんのう》思想が広がり、のちの明治維新へと影響を与えました。

戦乱のない太平の世が200年以上続き、外来文化がほとんど入らない鎖国の時代でもあった江戸時代は、日本人が日本の国柄や歴史、文化を見つめ直す余裕と環境をもたらしました。また、治安が改善したことで、庶民の間では観光を兼ねたお伊勢参《いせまい》りが大変なブームとなりました（詳しくは第4章を参照）。

神話の国だった明治の日本

200年以上にわたる鎖国政策の中にあった日本は、黒船来航（1853年）によって大きな転機を迎えました。欧米列強の軍事的圧力にさらされて求心力を失った徳川幕府は朝廷に政権を返上（大政奉還）し、約260年続いた江戸時代は慶応3年12月9日（新暦1868年1月3日）、明治天皇が発した「王政復古の大号令」により幕を閉じました。

大号令の内容は「初代神武《じんむ》天皇の時代に基づいて、出自や階級に関係なく適切な議論を尽くし、国民と苦楽をともにするお心なので、みなも旧来の悪習と決別し、天皇と国家のために努めなさい」というものです。「神武創業」への回帰をうたう明治維新の「維新」とは、「革命《レボリューション》」ではなく「復古《レストレーション》」を意味しています。

政権を手にした薩摩や長州は権力の正当性を天皇に求め、その根拠として掲げたのは日本の神話でした。

『日本書紀』（神代下一書第一）には、天照大御神が孫の瓊瓊杵尊《ににぎのみこと》に地上へ降りるよう命じた言葉が記されています。「豊かで瑞々《みずみず》しいあの国は、わが子孫が君主として治《おさ》めるべき国土です。わが孫よ、行って治めなさい。さあ、出発しなさい。皇室の繁栄は、天地とともに永遠に続き、窮《きわ》まることがありません」という内容で、これを「天壌《てんじょう》無窮《むきゅう》の神勅《しんちょく》」といいます。

『日本書紀』は本文のほかに、「一書《あるふみ》」として多くの異なる言い伝えが併記されています（詳しくは第6章を参照）。その別伝の中のひとつから抜き出して強調されたのがこの「天壌《てんじょう》無窮《むきゅう》の神勅《しんちょく》」です。『古事記』では地上を支配するために瓊瓊杵尊に降臨《こうりん》を命じていますが、皇室の繁栄や永続性については語ってはいません。この「神勅《しんちょく》」の記述は、神道には仏教などのような終末観はなく、命の連続性や永続性を信じるという一般論としての信仰要素を示すものとも考えられています。しかし、特に江戸後期の国学者や水戸学者らの間で、天皇の支配が永遠に続くという解釈が広く用いられるようになりました。

――世界中に多くの国はあるが、天照大御神の子孫という血統を持つ天皇が支配し続けてきた日本は世界に比類なき優れた国だ――。こういった思想は統一国家としての体制を支える理念として重要な意味を持つようになり、神社のあり方や日本人の神様との関わりにも大きな影響を残しました。

神武天皇は、江戸時代末期まではほとんど注目されていませんでした。神武天皇陵が現在の場所に定められたのは幕末で、神武天皇を御祭神《ごさいじん》とする橿原神宮《かしはらじんぐう》（奈良県橿原市）の創建は１８９０（明治23）年です。神武天皇の時代が具体的にどのようだったか不明だからこそ、「神武創業」への回帰をうたう明治政府はどのようにでも利用できました。

世界のどの文化圏でも、支配者は自らの権力を正当化するものです。日本では、新たに権力を握った勢力が天皇をかついで支配を正当化してきました。新たな権威をつくり上げるのではなく、すでにある権威を利用してきたのです。歴代の中には島流しにされた天皇や暗殺された天皇もおり、どの程度重んじられてきたのかについては議論がわかれますが、歴史上、類がないほど徹底して天皇の権威を利用したのが明治政府の特徴です。

欧米列強による植民地化の危機にさらされる中で開国した日本が独立を保つためには、国民を統合して新たな国家となるための中心が必要で、明治政府にとって天皇に代わるものはなかったのです。

１０００年続いた日本人の信仰を変えた神仏分離

神武《じんむ》天皇の時代に立ち返る「王政復古」を掲げた明治政府は１８６８（慶応４／明治元）

年、神社を仏教伝来以前の姿に戻そうと「神仏分離」の命令を発布しました。

同年3月17日には、全国の神社で奉仕していた僧侶に、還俗《げんぞく》して僧位を返上し、衣服を神道式にするなど神職の形態に変えるよう命じました。

さらに3月28日には、境内《けいだい》の神宮寺などの寺院を廃止し、仏像や仏具を取り除くなど、仏教色を排除するよう指示しました。「神仏判然令」と言われる布告です。「権現《ごんげん》」や「牛《ご》頭《ず》天王《てんのう》」など仏語《ぶつご》を神号としていた神社には、これを禁じました。仏教由来の「祇園《ぎおん》精《しょう》舎《じゃ》」を冠する京都の祇園社は同5月、所在地のもともとの地名から「八坂《やさか》神社」に改称し、主祭神《しゅさいじん》の「牛頭天王」はインドの神であることから仏教とみなされたため、牛頭天王と習《しゅう》合《ごう》していた素戔嗚尊に替えられました。

仏像や経典を破壊する「廃仏毀釈《はいぶつきしゃく》」がまっさきに行われたのは、比叡山の麓《ふもと》の日吉大社（滋賀県大津市）です。６６８年に大己貴神《おおなむちのかみ》を勧請《かんじょう》して創建されましたが、７８８年に比叡山に延暦寺が開かれるとその鎮守社と位置づけられ、神仏混淆《しんぶつこんこう》の日吉山王社、日吉権現《ごんげん》などと呼ばれて延暦寺とともに発展してきました。しかし、「神仏判然令」の３日後の４月1日、神職ら数十人が乱入し、仏像や仏具など１２４点を破壊・焼却しました。

日吉大社は延暦寺に支配され、神職は僧侶の下の立場に置かれてきた不満を募らせていました。騒動には、延暦寺の寺領で年貢《ねんぐ》に苦しめられてきた付近の村人数十人も加わっており、そうした積年の恨《うら》みが爆発した事件でした。

延暦寺は天皇との関係が深く、明治政府は4月10日に「神仏分離にあたって粗暴な行為をしてはならない」とする指令を出し、首謀者の神職が処罰されています。しかしこの事件は、各地に広がった「廃仏毀釈《はいぶつきしゃく》」の先駆けとなりました。

また明治政府は4月24日には、宇佐や石清水、筥崎《はこざき》などの八幡宮に対し、１０００年以上にわたる神仏習合の象徴的存在だった「八幡大菩薩《はちまんだいぼさつ》」の称号をやめて「八幡大神《はちまんおおかみ》」とするよう命じました。これに伴い、奈良時代や平安時代から境内《けいだい》にあった護国寺や弥勒寺《みろくじ》は破壊されました。八幡宮《はちまんぐう》で行われてきた生き物を放つ「放生会《ほうじょうえ》」などの祭祀《さいし》を変更し、神饌《しんせん》に魚や鳥を供《そな》えるようになりました。初めての武家政権を打ち立てた源頼朝が社殿を造営した鶴岡八幡宮は仏教の堂塔《どうとう》がひしめき寺院のような景観でしたが、仏教系の堂塔も仏像もことごとく破壊・売却されました。

明治政府が命じたのは神社から仏教的要素を排除することで、独立した寺院は対象ではありませんでした。9月18日には、「神仏混淆しないよう命じたが、破壊するという趣旨ではなく、僧侶はむやみに還俗《げんぞく》しないように」と布告《ふこく》しています。しかし、「廃仏毀釈《はいぶつきしゃく》」の動きはその後も全国各地で展開されました。特に仏教排撃が激しかった薩摩藩では、藩内にあった１６１６カ寺が明治2年までにすべて廃寺《はいじ》となり、仏像や仏具、過去帳、経典や絵巻物がことごとく廃棄・焼却されました。

倒幕派である薩摩藩は王政復古を目指す国学を重視し、外敵に備えて大砲などを造るために梵鐘《ぼんしょう》の拠出《きょしゅつ》をさせ、寺を破壊し、寺領を没収した土地と予算で砲術調練所を造るなど、幕末の時点ですでに廃仏の動きがありました。しかし、神仏分離が新政府から命じられた明治元年から一気に拡大し、庶民の信仰の寺や修験道《しゅげんどう》の寺院はもちろん、藩主・島津氏の菩提寺だった福昌寺まで破壊され、すべての僧侶は還俗《げんぞく》し、藩内から仏教は完全に消滅しました。

また、飛鳥時代（592〜710年）に役小角《えんのおづぬ》が創始したとされ、日本各地の山岳地帯で盛んに行われていた修験道《しゅげんどう》は、1872（明治5）年に「修験宗《しゅげんしゅう》廃止令」によって禁止されました。神として崇められ禁足地《きんそくち》とされていた山々に入って修行《しゅぎょう》することで霊験《れいげん》を得るという、神道とも仏教ともわけがたい呪術や行法によって成り立っていましたが、石仏や伽藍《がらん》が破壊され、多くの修験《しゅげん》は農民や神官となりました。

廃仏毀釈《はいぶつきしゃく》を主導したのは、神仏習合に否定的な国学系の神道家や、江戸時代まで僧侶よりも下の地位に置かれ積年の恨《うら》みが募《つの》っていた神職たちで、民衆がこれに便乗して拡大し、政府の停止命令の後も1876（明治9）年ごろまで破壊は続きました。破壊された寺院の一部はその後、再興が許されましたが、1000年以上続いた神仏習合という信仰のかたちはほとんどが日本から姿を消しました。

神社と神様をリストラ

明治維新以降の改革は、神社界に激震をもたらしました。

明治政府は1871（明治4）年5月14日の布告で、神社を「国家の宗祀《そうし》」とし、国家の公的な機関と位置づけました。神職を官吏《かんり》（公務員）として定員と階級を定め、世襲を禁じ、すべての神職を罷免《ひめん》したうえで改めて任命しました。しかし、多数の神職が定員からあふれて任命されなかったり、代々奉仕してきた神社から他の神社に異動になったりしました。また、神社の経済基盤であった社領《しゃりょう》は境内《けいだい》以外は国に没収されました。

さらに、国による管理を徹底するために神社の序列化を行いました。全国の神社を統一の基準による社格で区分し、国から幣帛《へいはく》が奉《たてまつ》られる官社とそれ以外の諸社に大別しました。官社のうち、朝廷とゆかりの深い神社を「官幣社《かんぺいしゃ》」に、諸国の一宮など中心的な神社を「国《こく》幣社《へいしゃ》」とし、諸社は神社の規模などによって「府県社《ふけんしゃ》」「郷社《ごうしゃ》」「村社《そんしゃ》」に分類し、それ以外は社格以前の「無格社《むかくしゃ》」という扱いになりました。

1区1000戸を目安とする戸籍区に郷社を1社、これに属す位置づけの村社は原則1

村1社と定められました。当時の日本の村々には氏神《うじがみ》のほかに、由緒の定かでない小規模なお宮や祠《ほこら》、石祠《いしほこら》などが多数ありましたが、村社に合祀《ごうし》されて多くは消滅しました。複数の村が合併したときには、神社もひとつにまとめられました。また、地域の人々の崇敬《すうけい》を集めてきた神社であっても、正式な専任の神職がいないために神社として認められず、無《む》格社《かくしゃ》にもなれずに境内がまるごと国有林の一部とされることもありました。

人々が祀《まつ》ってきた地域の氏神は由緒不明の神々や神仏習合のものも多く、地方の役人が村々をまわり、祭神《さいじん》を記紀神話の神々に代えさせたほか、文字の彫られた石などを御神体としていた場合は鏡に置き換えさせるなどしました。それぞれの地域で人々が受け継いできた素朴な信仰は、国にとってふさわしいとされたものへと代えられていったのです。

祭神を代えられたのはそうした小さなお宮だけではありません。江戸総鎮守《そうちんじゅ》として崇敬されていた神田明神は社名を神田神社に改められました。もともとの祭神は大己貴命《おおなむちのみこと》と平将門命《たいらのまさかどのみこと》で、特に、10世紀初頭に東国《とうごく》の独立を標榜して朝敵《ちょうてき》となった武将・平将門を祀《まつ》る御霊信仰《ごりょうしんこう》の神社として崇《あが》められていました。

しかし、1874（明治7）年に京都から東京へ移った明治天皇が参拝することになり、「逆臣《ぎゃくしん》を祀《まつ》るのはあるまじきこと」とされました。平将門命は本社の祭神から外されて境内の小さな末社《まっしゃ》に遷《うつ》され、代わりに他の神社から少彦名命《すくなひこなのみこと》が本社に勧請《かんじょう》されました。納得がいかず例祭《れいさい》に参加しなくなった町民も多かったそうですが、平将門命が本社の祭神に戻ったのは1984（昭和59）年になってからでした。

公的な地位を与えられた全国の神社ですが、明治10年代以降、神道を国教とする政策が停滞すると、国からの援助がほとんどなくなっていきました。官国幣社《かんこくへいしゃ》ですら一定期間後に国からの支出が停止されることになり、実質的な「国家の宗祀《そうし》」は伊勢神宮だけといった様相になりました。これに危機感を覚えた神職たちの運動によって、1906（明治39）年に官国幣社への国の支出が恒久《こうきゅう》財源化され、府県社以下には府・県など地方団体から神饌幣帛料《しんせんへいはくりょう》を供進《きょうしん》（神に幣帛を奉ること）できるようになりました。

供進を受ける神社では「国家の宗祀《そうし》」としての意識が高まりましたが、すべての神社に供進するには財政上の問題がありました。そこで、国家機関としてふさわしい神社を厳選するために、小規模の神社や祠《ほこら》を統廃合する「神社合祀《ごうし》」が強制的に進められました。

対象となったのは、人々の身近な信仰の対象であり、神社の圧倒的多数を占める村社や無格社でした。特に和歌山県と三重県では激しく行われ、両県合わせて約1万社あった神社はわずか1300社ほどにまで激減しました。1906（明治39）年からの数年だけで全国の神社数は約20万から約12万へと減り、あまりのすさまじさに抗議が広がったため、政府はそれ以上の強行を控えるようになりました。しかし、消えていった神社がもとに戻ることはありませんでした。

当時の日本は、日露戦争（1904～05年）のための増税で地方は財政が破綻し、社会の荒廃が深刻でした。神社合祀《ごうし》は、地方財政の立て直しと人材育成、国民道徳の引き締めを図って内務省が進めた「地方改良運動」と連動し、欧州の教会を中心とした都市をモデルに「神社を中心とした地方自治」を目指した官僚の発想で始まったものでした。これによって神社は公共的な空間という性格をいっそう強めていきました。

神道国教化に失敗――行き着いた「神社は宗教ではない」

神社の組織化と祭祀《さいし》の体系化を進めると同時に、国民教化《きょうか》の試みも始まりました。1869（明治2）年9月29日、神社や神職を管轄する神祇官《じんぎかん》の中に「宣教使」が設置され、日本史上で初めて全国民に神道が布教されることになりました。神道国教化の構想です。

背景にあったのはキリスト教への警戒です。16世紀に伝来して以降、キリシタンによる寺社の破壊や欧州の教会への領地寄進《きしん》がされるようになり、宣教師派遣の狙いに日本征服があることがわかると、豊臣秀吉はキリシタン禁制を強めました。江戸時代に入るとキリシタンらの大規模な反乱が起こり、徳川幕府は徹底した禁制を敷きました。明治政府もこれを踏襲し、摘発したキリシタンを配流にして拷問するなど棄教《ききょう》を迫り、多くの殉教者が出ました。欧米各国からの激しい非難を受けた明治政府は、当時結ばれていた不平等条約の改正に障害となる恐れから1873（明治6）年に禁制《きんせい》の高札《こうさつ》を撤去しました。

この過程で国民教化の必要性を意識した明治政府は、1870（明治3）年1月の「大《たい》教宣布《きょうせんぷ》の詔《みことのり》」により、国民全体への「惟神《かんながら》の道」（神代以来の神道）の布教を本格的に開始しました。

しかし、神道にはそもそも教義がなく、ほとんどの神職は布教の経験もなく人材も不足し低調なままでした。神祇官《じんぎかん》は神祇省《じんぎしょう》に格下げとなり、1872（明治5）年には布教を目的とする教部省《きょうぶしょう》へと改組されました。

教部省は神道や仏教、民族宗教などすべての宗教を管轄する「大教宣布《たいきょうせんぷ》」のための官庁です。東京の増上寺に置かれた「大教院《だいきょういん》」を中心に、各府県庁所在地に「中教院」、各地域の神社や寺院を「小教院」として活動拠点とし、神道や仏教各派、民族宗教のほか、落語家や歌人、俳人なども含む計10万人を超える「教導職《きょうどうしょく》」を認定登録して国民教化に携わらせました。

宗教宗派の異なる教導職に対し、布教の原則として定められたのが「三条の教則」です。

一、敬神愛国の旨を体すべきこと

一、天理人道を明らかにすべきこと
一、皇上を奉戴し、朝旨を遵守せしむること

この三条を原則とし、具体的な演題として「神徳皇恩《しんとくこうおん》、人魂不死《ひとだまふし》、天神造化《てんしんぞうか》、顕幽分界《けんゆうぶんかい》、愛国、神祭《しんさい》、鎮魂《ちんこん》、君臣《くんしん》、父子、夫婦、大祓《おおはらえ》」という復古神道的な国体思想と日常の倫理を含む十一兼題《じゅういちけんだい》が定められました。その後、「皇国国体、皇政一新《こうせいいっしん》、道不可変《どうふかへん》、制可随時《せいかずいじ》、人異禽獣《じんいきんじゅう》、不可不教、不可不学、万国交際、権利義務、役心役形《えきしんえきけい》、政体各種、文明開化、律法沿革、国法民法、富国強兵《ふこくきょうへい》、租税賦役《そぜいぶえき》、産物製物」の十七兼題《じゅうしちけんだい》も加えられました。「皇国」としての日本を知らしめ、近代化を目指すための国民常識の啓発でした。明治維新以降、民俗宗教的なものは「迷信」「卑猥」「浪費」とされ、盆踊りや正月の門松飾り、道祖神祭といった行事や、口寄せ、狐落《きつねおとし》といった風習も禁じられました。

しかし、突然始まった国民教化はなかなか浸透していきませんでした。明治天皇が在位中に97回も全国を行幸して国民に姿を見せたことからもわかるように、まずは人々に天皇の存在自体を実感させなければならない段階だったのです。

教導職の布教の内容は仏教思想とは無縁のものであるにもかかわらず、教導職に登録されなければ一寺院の住職にもなれないほか、大教院である増上寺や中教院とされた寺院には造化三神《ぞうかさんしん》（天御中主神《あめのみなかぬしのかみ》、高御産巣日神《たかみむすびのかみ》、神産巣日神《かみむすびのかみ》）と天照大御神《あまてらすおおみかみ》が祀《まつ》られ、僧侶も神

道式の礼拝を強いられました。信教の自由に反するとして反発した一部の仏教宗派が脱退し、明治8（1875）年、大教院が解散となって神仏合同の布教は中止になりました。

神職や神道家たちは、大教院の後継組織として半公的機関の神道事務局を設立し、布教活動を継続しました。事務局内の神殿にも造化三神と天照大御神が祀《まつ》られましたが、出雲大社大宮司の千家尊福《せんげたかとみ》は「幽冥の世界を主宰する大国主神《おおくにぬしのかみ》も合わせて祀るべきだ」と主張し、これに反対する伊勢神宮大宮司の田中頼庸《よりつね》との間で「祭神論争」という神道界を二分する大論争が展開されました。

国譲《くにゆず》り神話に基づき「目に見える世界（顕《けん》）を天孫《てんそん》が、見えない世界（幽《ゆう》）を大国主神が司《つかさど》る」とする出雲派の主張は多くの支持を集めました。伊勢派も神話に基づく反論はしましたが、天皇の祖神《そしん》である天照大御神と大国主神を同列に祀《まつ》ろうという出雲派の主張を、天照大御神の子孫である天皇が日本を支配する「国体」に反する思想として危険視し、天皇の裁定を仰ぐよう政府に求めました。その結果、神殿には宮中三殿の賢所《かしこどころ》・皇霊殿《こうれいでん》・神《しん》殿《でん》を遥拝《ようはい》することに決定し、賢所は伊勢神宮と同等であることから、神道としてよりも政治の判断によって、伊勢派の勝利に終わりました。

神道を突き詰めていく議論が「国体」に関わる問題にまで発展し、事態を重く見た政府は、1882（明治15）年、神職が教導職を兼ねることを禁止し、官国幣社《かんこくへいしゃ》の神職は葬儀にも関与しないこととしました。2年後には神道事務局が廃止され、教導職も全廃されて神道の国教化は失敗に終わりました。

神社は祭祀《さいし》を行うだけの場所となり、神職は布教することを禁じられました。この祭祀に特化した神道を「神社神道」といいます。一方、宗教としての神道は黒住教《くろずみきょう》、大社教《たいしゃきょう》といった宗教団体が政府の認可を受けて活動することになりました。こちらを「教派神道」といいます。こうして、「国家の祭祀を行う神社」と「宗教としての神道」をわけて、神社を「宗教ではない」とする「神社非宗教論」が生まれました。

多様性より統一性を目指した明治以降の神道

八百万《やおよろず》の神々を崇める神道は多神教で、多様性を認めて大事にする宗教である印象があります。しかし、明治以降に神社に対して行われたのは多様性より統一性の追求でした。明治維新以降、皇室祭祀《さいし》が大幅に拡充され、天皇が自ら祭主《さいしゅ》を務める天皇親祭《しんさい》の祭祀が多く創設されました（詳しくは第1章を参照）。天皇を頂点に国民を統合するためには、天皇が祭主であることが重要だからです。天皇が自ら祭祀を行う日に国民は天皇皇后の御《ご》真影《しんえい》に最敬礼し、子どもたちは「紀元節」などの唱歌を合唱して天皇のもとに一体となる体験を共有しました。

江戸が東京に改称されて首都になると、１８６９（明治２）年に東京の宮中に新たに賢《かしこ》所《どころ》が設けられて三種の神器《じんぎ》のひとつである神鏡《しんきょう》が祀《まつ》られ、その後、大規模な賢所、歴代天皇や皇族の御霊《みたま》を祀る皇霊殿《こうれいでん》、天神地祇《てんじんちぎ》を祀《まつ》る神殿《しんでん》が設営されました。この宮中三殿は天照大御神が主祭神で、伊勢神宮と一対となっています。

伊勢神宮は、日本の神々の中心として全国の神社の頂点に位置づけられました。江戸時代に数百万人が「お蔭《かげ》参り」をした民衆の聖地（詳しくは第４章を参照）は、国民統合の象徴として、厳粛で荘厳な国家祭祀の聖所《せいしょ》へと生まれ変わったのです。

伊勢神宮の最も重要な祭祀である神嘗祭《かんなめさい》は、宮中では奉幣《ほうへい》と遥拝《ようはい》をするだけでしたが、１８７１（明治４）年からは宮中でも天皇親祭《しんさい》の神嘗祭が行われるようになりました。また、伊勢神宮や全国の官国幣社《かんこくへいしゃ》でも宮中と同様の祭祀を行うよう定め、天皇と伊勢神宮、官国幣社が共通の祭祀を通して一体となる体制となりました。

１８８２（明治15）年に神職《しんしょく》が布教を禁じられて神社は「宗教」ではなく「祭祀」を行う組織となり、全国統一のシステムとなった神社組織を担う神職の養成が必要になりました。天皇と国家のために尽くす人材を養成し、「国体《こくたい》」や「皇道《こうどう》」を学ぶための施設として、東京で皇典講究所《こうてんこうきゅうしょ》、伊勢神宮で神宮皇学館《こうがくかん》が発足しました。さらに、１８９０（明治

23）年には、より高度な研究・教育機関として國學院《こくがくいん》が設けられました。
祭祀を行う作法を統一するための全国共通マニュアルもつくられました。1875（明治8）年に祭祀の基本原則として「神社祭式」が制定されましたが、例えば拝礼の作法として「再拝拍手《さいはいはくしゅ》」とあるだけで具体的でなかったため、各神社はそれぞれの伝統・慣習に基づいて祭祀を行っていました。そこで、1907（明治40）年、神社祭式の細則《さいそく》を記した「神社祭式行事作法」が発布され、祭祀の日程や時刻、式次第、祝詞《のりと》、神饌などの具体的な内容のほか、祭祀の際の足の位置や角度まで身体の作法が細かく規定されました。この後も改定を繰り返しながら、これらは現在の神社でも多くが踏襲されています。

1914（大正3）年には伊勢神宮の祭祀を規定した「神宮祭祀令」や、その他の神社の祭式の詳細を規定した「官国幣社以下神社祭祀令」「官国幣社以下神社祭式」が公布されました。府県社や郷社、村社に至るまで、祭祀の際の細かな所作が統一されました。

1941（昭和16）年には礼法教育の国家基準として文部省が「礼法要項」を発表しました。全国の師範学校・中学校・高等女学校・各種実業学校・国民学校などで用いられ、国民が心得るべき礼法とされました。ここには礼拝や神社参拝の心得も記されています。

例えば「神域《しんいき》では静粛《せいしゅく》を旨とする。拝礼に先だって、帽子・外套・襟巻等を脱ぎ、手を清める。ただし雨雪の際は雨具を着用したままでも差し支えない」「帽子を持ったまま参拝する場合は、右手にひさしを持って内側を右股につけ、神前に進んで拝を行う。玉串奉《たまぐしほう》奠《てん》の場合は帽子を左脇に挟む」「神社の前を過ぎるときには敬礼をする」などと、とても細かく具体的に定められています。

政教分離、ただし神社は別

1889（明治22）年、大日本帝国憲法が発布されました。第1条は「大日本帝国ハ万世一系ノ天皇之ヲ統治ス」、第3条には「天皇ハ神聖ニシテ侵スヘカラス」とあるように、主権は天皇にあり、その権力の根拠は記紀神話です。

第28条には「日本臣民ハ安寧秩序ヲ妨ケス及臣民タルノ義務ニ背カサル限ニ於テ信教ノ自由ヲ有ス」とあります。「信教の自由」を認めるという建て前ですが、あくまでも「臣民としての義務」に背かない限りです。これは他の権利や自由についても同様です。

明治政府の認識は、欧州はキリスト教を軸に国民がまとまっているのに対し、日本の宗教は神道も仏教もそうした力はないということでした。そこで国教は定めず、君主である天皇を機軸に臣民としての国民がまとまるという国家体制を選ぶことになったのです。「信教の自由」をうたったものの、「神社は宗教ではない」ので神社や神職は「国家の宗祀《そうし》」

として公的な地位にあり続けました。これを日本型政教分離といいます。キリスト教徒や仏教徒でも自らの信仰を保ちつつ神社を参拝できるはずということになり、参拝を強制しても「信教の自由」に反しないという理屈が成立することになりました。

神話は宗教ではなく道徳

「臣民としての義務」は宗教としてではなく道徳として、子どものうちから学校教育で徹底的に教えられました。その教育理念を示したのが、１８９０（明治23）年に明治天皇によって下された教育勅語《きょういくちょくご》です。

教育勅語は難解なため様々な解釈が存在します。天皇の言葉を現代語訳などに言い換えることと自体が不敬とされたため、公式な解釈はありませんが、戦前の解釈として参考にされることが多いのは、１９４０（昭和15）年に文部省内で示された「全文通釈」です。

これによると教育勅語の中心は、「汝臣民《なんじしんみん》は、父母に孝行をつくし、兄弟姉妹仲よくし、夫婦互《たがい》に睦《むつ》び合ひ、朋友《ほうゆう》互に信義を以《もっ》て交り、へりくだつて気随気儘《きずいきまま》の振舞をせず、人々に対して慈愛を及《およぼ》すやうにし、学問を修《おさ》め業務を習つて知識才能を養ひ、善良有為の人物となり、進んで公共の利益を広め世のためになる仕事をおこし、常に皇室典範《こうしつてんぱん》並びに憲法を始め諸々の法令を尊重遵守し、万一危急《ききゅう》の大事が起つたならば、大義に基づいて勇気をふるひ一身を捧げて皇室国家の為につくせ。かくして神勅《しんちょく》のまにまに天地と共に窮《きわま》りなき宝祚《ほうそ》の御栄をたすけ奉れ」という部分です。

「神勅のまにまに天地と共に窮りなき宝祚」は、天照大御神の「天壌無窮の神勅」のとおりに永遠に続く皇室という意味です。列挙された数々の徳目を身につけて、万一危急の大事には皇室と国家のために身を捧げて尽くしなさい、そうすることは、天皇に対する忠良な臣民であるだけでなく、歴代の天皇に忠孝を尽くしてきた自分の祖先への孝行にもなると説いています。

小学校では「天照大御神」「三種の神器《じんぎ》」「天孫降臨《てんそんこうりん》」の神話が歴史教育として教えられました。祝祭日や入学式・卒業式に地元の神社に集団で参拝し、天皇・皇后の御真影《ごしんえい》の前に整列して最敬礼をし、学校長による教育勅語の奉読《ほうどく》に続いて児童たちが「紀元節」や「天長節」といった唱歌を合唱しました。同様に最敬礼や奉読をする「朝拝」も週に一度は行われました。また、特に日露戦争以降は、修学旅行で伊勢神宮を参拝する「参宮旅行」も盛んになりました。こうした教育は高等教育へも拡大していきました。

神社に行かない人には制裁

教育勅語への拝礼や神社への集団参拝を拒む者は社会的制裁を受けました。

1891（明治24）年にはキリスト教徒だった教師が教育勅語への拝礼が十分でなかったとして教師や生徒から非難され、社会問題となって依願退職となった（内村鑑三不敬事件）ほか、1929（昭和4）年にはキリスト教会員の児童が神社への集団参拝や伊勢神宮への修学旅行への参加を拒んだために新聞や地域社会から糾弾されました（美濃ミッション事件）。「守れ国体、葬れ邪教」という歌まで作られて停学になり、この教会の伝道師は治安維持法違反で投獄されました。

1925（大正14）年に制定された治安維持法は、「国体」の変革を目的として結社を組織したり加入したりした者に10年以下の懲役・禁錮刑を科しました。後の改正で最高刑が死刑になったほか、転向していなければ刑期満了後も拘禁できるなど、より厳しくなっていきました。特に1931（昭和6）年の満州事変以降、国際関係が緊迫してくると、国民の精神を発揚しようと政府は「国体」の意義を強調し、これに反するとみなせば厳しく取り締まりました。

『日本書紀』で最初に現れた神である国常立尊《くにのとこたちのみこと》を天照大御神よりも重視する新宗教「大本《おおもと》」は、1921(大正10)年に不敬罪などで教団幹部が逮捕されました。その後、政治活動を活発化させ、軍幹部が多数入信するなど影響力を持つようになり、1935(昭和10)年に不敬罪と治安維持法違反で987人が検挙されて16人が拷問で死亡しています。

1942(昭和16)年にプロテスタントのホーリネス系教会の牧師が、護国神社への参拝を拒否したと地域社会から密告され、検挙されて獄死しました。翌年には教団の134人が治安維持法違反で検挙され7人が獄中や出獄後に死亡しています。キリストによる地上の統治を待望する信仰が「国体を否定するもの」とされ教会は解散させられました。

天皇による支配の根拠である神話を否定することも許されませんでした。記紀神話の資料的価値を研究し、第15代応神《おうじん》天皇より以前の天皇の実在性を否定するなどした早稲田大学教授の津田左右吉《そうきち》は「不敬」として非難され、著書が発禁処分となり教授職も辞任させられました。「皇室の尊厳を冒涜《ぼうとく》するもの」を罰する出版法違反で1942(昭和17)年に有罪となっています。こうした事件により、天孫降臨《てんそんこうりん》や三種の神器《じんき》などの記紀神話を事実として否定するような言論や研究発表はできなくなっていきました。

神となった天皇を崇めた臣民

日中戦争が始まった1937（昭和12）年に文部省が発行した「国体の本義」は、「国体」の正統な解釈として終戦まで大きな影響力を持ちました。

このころには天皇は「大神の御子孫として現御神《あきつみかみ》であらせられる」とあるように「現人神《あらひとがみ》」となっており、記紀神話に基づく「国体」が「世界に並ぶもののない神聖なもの」としてそれまで以上に強調されています。

「我が国の教育は、明治天皇が『教育ニ関スル勅語』に訓《おし》へ給《たも》うた如《ごと》く、一《いつ》に我が国体に則《のっ》とり、肇国《ちょうこく》の御精神を奉戴《ほうたい》して、皇運《こううん》を扶翼《ふよく》するをその精神とする」というその教育を受けた子どもたちが親の世代になり、「皇室と国家のために身を捧げて尽くす」という精神が国民の中に浸透していました。

『古事記』や『日本書紀』で、天皇や臣下が歌った戦勝祈願の歌謡にたびたび使われている「撃ちてし止まん」や、神武《じんむ》天皇の言葉をもとにした「八紘一宇《はっこういちう》」など神話に基づいたスローガンや、神話をモチーフにした唱歌が人々の手によってたくさん作られました。神話をもとにした「国体」は上からも下からも広がっていき、戦時下の国民の精神を盛りたて、また縛りつけもしたのです。

国家神道とは何を指す？

1945（昭和20）年12月、敗戦した日本を統治したGHQ（連合国軍最高司令官総司令部）は「神道指令」を発令しました。日本が軍国主義・超国家主義となった原因は神道にあると考え、神道を国家から切り離すことを狙ったのです。これにより、神社を管轄していた国家の部局や、国家と神社の関係を規定した法律などは廃止となりました。「国家神道」という言葉はこの神道指令の中で使われたことで広まりました。制度として正式に定義がされていた言葉ではないため、「国家神道とは何を指すのか」については専門家の間でも大きく意見がわかれています。

これまで紹介してきたように、明治維新以降、神話をもとにした「国体」を確立するために神社のあり方はそれまでとは大きく姿を変えられました。多くの皇室祭祀《さいし》が新たに創設され、伊勢神宮と全国の神社が祭祀を通して結びつけられ、神社が格付けされて祭祀の作法が統一され、国民も祝祭日には神社などで儀礼に加わりました。子どもたちは学校で神話を通して天皇の神聖性を学び、御真影《ごしんえい》の前で最敬礼し、唱歌を歌って「国体」の一部となりました。これに従わないものには処罰や社会的制裁がありました。こうした、神社だけでなく皇室祭祀や学校教育、軍隊など、広範にわたって制度化され、広められていった総合的なものを「国家神道」とする見方があります。

一方、国家機関として神社を規定していた制度に限定して「国家神道」と呼ぶ見解もあります。この場合、神社は宗教活動を禁じられるなどむしろ大きく制限されていたという立場になります。例えば神話に基づいた「国体」を語っている「国体の本義」は政治的に大きな影響力がありましたが、文部省が発行したものであって神社の側によるものではない、という意識もあるようです。神道を軍国主義・超国家主義の要因とするＧＨＱの認識への批判と反発のある考え方です。

戦後、皇室祭祀は皇室の私的な祭祀という位置づけでほぼそのまま残りました。皇室祭祀の日の多くは、名前を変えて今も祝日になっています。公共施設の地鎮祭の費用を行政が神社に払ったことが政教分離に反するかどうかの訴訟では、地鎮祭は世俗的なもので宗教活動ではなく、公金支出は憲法違反ではないとされました。「国家神道」への見解の違いによって、明治維新から終戦までの日本の歴史への認識も大きく異なり、神社や神道への見方にまで影響しています。

コラム

『古事記』『日本書紀』誕生の背景にあった内憂外患《ないゆうがいかん》

記紀編纂の背景には国内の混乱と大陸・半島との緊張状態がありました。倭国《わこく》（日本）では、天皇家を凌《しの》ぐほどの権勢を誇っていた蘇我《そが》氏《し》を中大兄皇子《なかのおおえのおうじ》（のちの天智《てんぢ》天皇）らが滅ぼした乙巳《いっし》の変（645年）と、天智天皇の弟の大海人皇子《おおあまのおうじ》（のちの天武《てんむ》天皇）が甥の大友皇子《おおとものおうじ》（のちの弘文《こうぶん》天皇）を破った壬申《じんしん》の乱（672年）という大きな政変が起き、体制が揺らいでいました。

そのころ、朝鮮半島は高句麗《こうくり》・新羅《しらぎ》・百済《くだら》の三国が鼎立《ていりつ》していましたが、倭国の友好国であった百済は660年に、高句麗は668年に中国の唐と新羅の連合軍によって滅ぼされました。滅亡した百済の復興運動を支援した倭国は663年の白村江《はくそんこう》の戦いで連合軍に敗れ、国内各地に防衛の砦《とりで》を設けるなど対応に追われました。

大和《やまと》王権は、こうした緊迫した情勢を背景に急速な権力集中の必要性に迫られました。それまでの氏族単位の政治体制や、各豪族による私有地と私有民支配という体制を変え、天皇と中央の有力豪族による人民支配を進めました。全国の田を国家の一元管理とし、農民に貸与して租税を取ったほか、道路・堤防工事への使役《しえき》、九州地方の防衛にあたる防人《さきもり》などの兵役を課して、そのための戸籍を定期的に更新しました。

「倭国」を「日本」へ、「大王《おおきみ》」を「天皇《すめらみこと》」へと呼称を改めたのはこの時代です。

中国の最高神である「天帝」から命を受けた人間の「皇帝」が地上を統治するという中国の神聖国家体制を意識しつつ、それと対峙する帝国として、日本の最高神の子孫である「天孫《てんそん》」が「天皇」として代々統治を受け継ぐという日本独自の発想で権力の正当化がされました。中国の皇帝が「天命」にふさわしくなくなったとき「革命（命が革《あらた》まる）」が起きて統治者が入れ替わるとされるのに対し、日本の王朝は「天

➡P.98につづく

孫」である天皇によって永遠に続くという独自の世界観を打ち出したのです。

律令制度を敷き、「記紀」編纂を命じた天武天皇と妻の持統《じとう》天皇らの時代に、それまでの豪族《ごうぞく》連合から中央集権的な古代国家へと体制の変革が進みました。記紀神話が生まれた背景には、内憂外患《ないゆうがいかん》の情勢の中で、国内に向けて権力の正当化をしつつ、中央集権国家の誕生を対外的にアピールして、日本という国を認めさせたいという狙いがあったのです。

第3章

日本の神様の基礎Ⅱ

教養人として知っておきたい日本の主な神様たち1

天地開闢《かいびゃく》の神々

❖造化三神《ぞうかさんしん》（天之御中主神《あめのみなかぬしのかみ》・高御産巣日神《たかみむすびのかみ》・神産巣日神《かみむすびのかみ》）

『古事記』本文は、「天地《あめつち》初めて発《おこ》りし時に、高天原《たかあまのはら》に成《な》る神の名は、天之御中主神《あめのみなかぬしのかみ》、次に高御産巣日神《たかみむすびのかみ》、次に神産巣日神《かみむすびのかみ》。この三柱《みはしら》の神は、並独神《みなひとりがみ》に成りまして、身を隠しき」という文から始まっており、序文に「三神《さんしん》は造化《ぞうか》のはじめ」とあることから、この三柱《みはしら》の神々を「造化三神《ぞうかさんしん》」といいます。

神を数える言葉に「柱《はしら》」を用いるのは、『古事記』冒頭で「三柱の神」と記していることに基づいています。

「独神」とは性別がない神で、「身を隠し」とは隠れていて姿が見えなくなるということです。神とはもともとは見えない存在で、次第に伊耶那岐命《いざなきのみこと》・伊耶那美命《いざなみのみこと》のように人間のような姿で性別も持つようになるという、日本における神観念の変化もうかがえます。

天之御中主神はこの一文以外に『古事記』の中に登場せず、古代からの神社に祭神として祀《まつ》られていた形跡もありません。土着の伝承があった神ではなく、記紀編纂の際に天地開闢《かいびゃく》を語るうえで観念的に描かれた神ではないかとの指摘がされています。幕末以降にキ

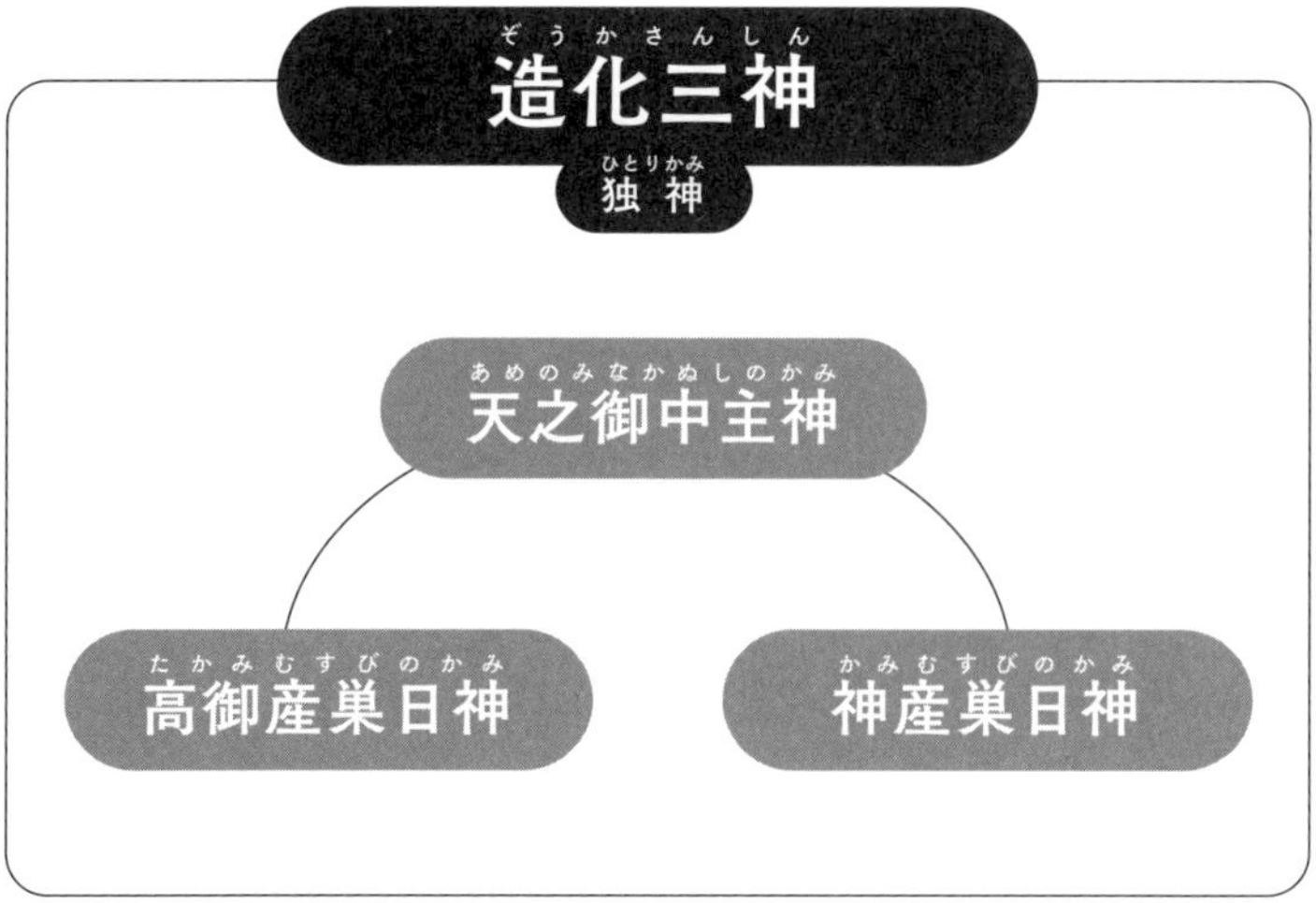

リスト教の天地創造説が意識されるようになると、最初に生成した神々として造化三神を強調する神学的見解が多くなりました。

『古事記』の神話は、天照大御神《あまてらすおおみかみ》を中心とした「高天原系神話」と大国主神《おおくにぬしのかみ》を中心とした「出雲《いずも》系神話」に大別できます。

高御産巣日神は、天岩屋《あまのいわや》に隠れた天照大御神を引き出す場面や、大国主神から地上の葦原中国《あしはらのなかつくに》を譲り受ける国譲り神話で高天原の神々に命令する立場にあり、東征《とうせい》する神武《じんむ》天皇を救うなど、「高天原系神話」で主要な神として描かれています。一方の神産巣日神は八十神《やそがみ》に殺された大国主神を助けるなど、「出雲系神話」に多数登場します。

高御産巣日神が神々に対して主導的な立場にあり、皇祖神《こうそしん》となっていくのに対し、神産巣日神は大国主神を死から救い、その大国主神が国譲りの後に冥界へ入っていくという生死に関わる働きをしていることから、それぞれ伊耶那岐命と伊耶那美命に対応しているとの見方もあります。

江戸時代後期の国学者・平田篤胤《あつたね》は天之御中主神を「天地万物《てんちばんぶつ》の大元主宰《たいげんしゅさい》の神」とみなし、明治時代以降の神社行政に影響を与えました。高御産巣日神は朝廷では古くから主要な神として位置づけられてきましたが、天之御中主神や神産巣日神は東京大神宮（東京都）や四柱《よはしら》神社（長野県）など明治維新後に創建された神社に多く祀られています。

❖天津神《あまつかみ》・国津神《くにつかみ》

日本の神々は「八百万《やおよろず》の神々」といわれています。八百万は実数ではなく、八は古来、「末広がり」のめでたい数字とされており、数が多いことを讃えた表現です。この神々を大きく二分する分類が天津神《あまつかみ》と国津神《くにつかみ》です。

927（延長《えんちょう》5）年に成立した法律の施行細則「延喜《えんぎ》式」に載っている最も古い祝詞《のりと》で現在の神事でも奏上される「大祓詞《おおはらえのことば》」には、

『天《あま》つ神《かみ》は天《あま》の磐門《いわと》を押し披《ひら》きて、天《あま》の八重雲《やえぐも》を伊頭《いつ》の千別《ちわ》きに千別《ちわ》きて、聞こし食《め》さむ国つ神は高山《たかやま》の末、短山《ひきやま》の末に上り坐《ま》して、高山の伊褒理《いぼり》、短山の伊褒理《いぼり》を掻《か》き別《わ》けて聞こし食《め》さむ』

とあり、天津神《あまつかみ》は天照大御神《あまてらすおおみかみ》が隠れた天岩屋戸《あまのいわやど》（岩戸）を開いた、はるか雲の上にいる高天原の神々であり、国津神は高い山や低い山の雲や霧の中に静まる地上の神々と読むことができます。しかし、太陽や月、星など天上にあるものの神、山や川など地上にあるものの、神といった普遍的な領域に対応する分類ではなく、『古事記』や『日本書紀』にある神話や背景となる歴史に関係しています。

高天原という神々の世界で生み出された系譜の神の総称を天津神といい、高天原を治める天照大御神の孫である日子番能邇邇芸命《ひこほのににぎのみこと》が地上の国に降臨することから「天孫《てんそん》系」、その子孫が大和《やまと》を中心とした王権を築くことから「大和《やまと》系」とも表現されます。

国津神は、天照大御神とともに生まれながら高天原から追放された須佐之男命《すさのおのみこと》から連《つら》なる神々の総称です。その天下《あまくだ》る地上の国が出雲国で、その子孫で須佐之男命の試練を乗り越えた大国主神《おおくにぬしのかみ》が国造りを完成させて在地の神々を統率《とうそつ》する存在となったことから、これら国津神の神々は「出雲系」ともいわれています。

天津神が国津神から国を譲り受け、九州の日向《ひむか》（宮崎県）に降臨した邇邇芸命《ににぎのみこと》の子孫である神武《じんむ》天皇が東征《とうせい》して大和《やまと》を支配し、王権を打ち立てるという神話は、九州の豪族が瀬戸内海へと勢力を伸ばし、３世紀ごろに大和を支配して在地の豪族たちを服属させていった歴史であり、自分たちが崇《あが》める神々を天津神、先住民の神々を国津神と分類したと考えられています。

❖伊耶那岐命《いざなきのみこと》・伊耶那美命《いざなみのみこと》

『古事記』では伊耶那岐命《いざなきのみこと》・伊耶那美命《いざなみのみこと》、『日本書紀』では伊弉諾尊・伊弉冉尊と記されています。

『古事記』では別天津神五柱《ことあまつかみいつはしら》は出現した後に神世七代《かみよななよ》の神々が出現しますが、その最後に現れる夫婦の神です。初めは伊耶那岐神・伊耶那美神とありますが、天津神《あまつかみ》に「この漂っている国を整え固めて完成させなさい」と命じられて以降は、「神」が「命《みこと》」へと変わっています。高天原《たかあまのはら》から淤能碁呂島《おのごろしま》に降り立ち、天御柱《あめのみはしら》を立て、立派な御殿を建てて結ばれ、国生みをして日本の国土を造りました。

次に三五柱の神々を生みました。家屋、海、山、川、風、草、木、土地などの神々ですが、最後に火の神を生んだ伊耶那美命は火傷《やけど》を負って死んでしまいました。このとき、火傷に苦しむ伊耶那美命の吐瀉物《としゃぶつ》やし尿、伊耶那岐命の涙から神々が現れました。怒った伊

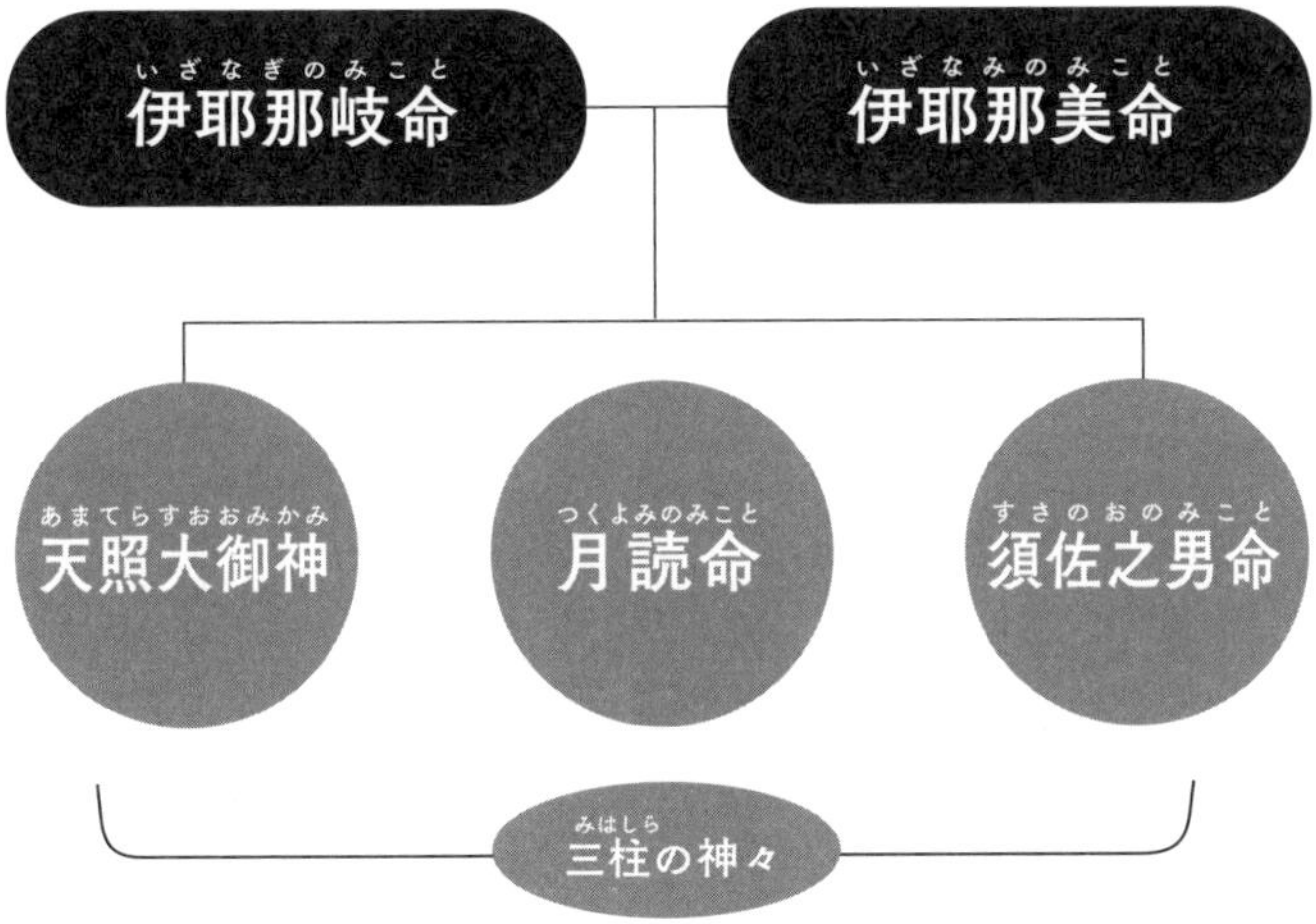

耶那岐命は火の神の首を切り、その刀についた血や火の神の体からも計二二柱の神々が出現しました。

伊耶那美命は比婆山《ひばのやま》に葬《ほうむ》られましたが、恋しく思った伊耶那岐命は黄泉国へ追っていきます。伊耶那美命は「黄泉国の食べ物を食べてしまったので帰れない。それでもせっかく迎えに来てもらって恐《おそ》れ多いので、黄泉神と相談してみるので、その間、絶対に見ないでください」と約束させました。

しかし、待ちきれなくなった伊耶那岐命が明かりを灯《とも》して見てみると、ウジが音を立ててうごめく変わり果てた伊耶那美命の姿があり、驚いて逃げる伊耶那岐命に伊耶那美命は「私に恥をかかせましたね」と言って恐ろしい神々や黄泉の兵士に追わせました。

ようやく地上との堺《さかい》である黄泉比良坂《よもつひらさか》まで逃げた伊耶那岐命は巨大な岩で入り口を塞《ふさ》ぎ、岩の向こう側まで迫ってきた妻に別れの言葉を告げました。伊耶那美命は「ならば、あなたの国の人々を1日に1000人絞め殺しましょう」と言い、伊耶那岐命は「私は1日に1500の産屋《うぶや》を建てよう」と返しました。これが人が生まれ死ぬ起源だということです。

黄泉国から戻った伊耶那岐命は、筑紫《つくし》の日向《ひむか》の橘《たちばな》の小門《おど》の阿波岐原《あはきはら》で、穢《けが》れた身体の禊《みそぎ》祓《はらい》をしました。身につけていた杖や衣、ふんどしを投げ捨てると神々が誕生し、水の中に潜るとさらに神々が生まれました。

最後に左の目を洗ったときに天照大御神、右の目を洗ったときに月読命《つくよみのみこと》、鼻を洗ったときに須佐之男命《すさのおのみこと》が出現しました。「三柱《みはしら》の尊い子を得た」と大いに喜んだ伊耶那岐命は、天照大御神に高天原を、月読命に夜之食国《よるのおすくに》を、須佐之男命には海原《うなばら》を治めるよう命じました。この三柱《みはらし》の神々を「三貴子《さんきし》」といいます。この場面は、中国の天地開闢《てんちかいびゃく》を描く盤古神《ばんこしん》話《わ》に酷似しているといわれています。

伊耶那岐命、伊耶那美命は国生みの前に、天御柱《あめのみはしら》をそれぞれ左、右から回り、出会ったところで結ばれるという儀式をしています。これは最初の結婚の儀式とされ、現在の神道式の結婚式でも行われています。

❖天照大御神《あまてらすおおみかみ》

『古事記』では天照大御神、『日本書紀』では天照大神と記されています。伊勢神宮の内宮に祀《まつ》られ、天皇の祖神《そしん》として崇《あが》められています。

『古事記』では黄泉国《よみのくに》から逃げ帰った伊耶那岐命《いざなきのみこと》が禊《みそぎ》をして左目を洗ったときに生まれた神で、天上の高天原《たかあまのはら》の統治を任されています。一方、『日本書紀』の本文では伊弉諾尊《いざなきのみこと》と伊奘冉尊《いざなみのみこと》が「天下の主宰者」として日神《ひのかみ》である「大日孁貴《おおひるめむち》」を生んだとあり、続いて注の中で「天照」を冠した神名《しんめい》が紹介されています。

『古事記』によると、高天原を訪れた須佐之男命を国を奪いに来たと疑った天照大御神は、男性のように髪を結い直し、弓矢を持って立ちはだかりました。釈明する須佐之男命と神《しん》意《い》をうかがう占い「宇気比《うけい》（誓約）」を行い、多紀理毘売命《たきりびめのみこと》ら宗像大社《むなかたたいしゃ》に祀《まつ》られている三《さん》女神《じょしん》や天忍穂耳命《あめのおしほみみのみこと》ら五男神《ごなんしん》が現れました。

これに勝った須佐之男命が狼藉《ろうぜき》を繰り返したため、怒った天照大御神は天岩屋《あまのいわや》に籠《こ》もってしまいました。すると高天原と地上の葦原中国《あしはらのなかつくに》は暗闇となり、あらゆる災いが起こりました。そこで神々が協力して賑やかな祭祀《さいし》を行い、天照大御神が天岩屋から出てきたことで、世界は再び明るくなりました。日の神としての性格が現れた瞬間でもあり、高天原の実質的な統治者となった場面ともいわれています。

天照大御神は宇気比で生まれた御子神《みこがみ》の天忍穂耳命に統治させるために地上の葦原中国《あしはらのなかつくに》を平定し、その子である邇邇芸命《ににぎのみこと》に改めて統治を委ねて降臨《こうりん》させました。のちに、邇邇芸命の曽孫《ひまご》が日向《ひむか》から大和へと東征し、初代天皇である神武《じんむ》天皇となっています。

天照大御神はこのように世界を整える秩序を司る神であり、天皇による日本統治の正当性を保証する神とされています。また、粟や稗《ひえ》、稲を食料として作物にすることを教え、養蚕《ようさん》を始めたとされ、農耕や衣食の始まりの神としても描かれています。

7世紀後半から8世紀後半に編纂《へんさん》された万葉集では「天照日女之命《あまてらすひるめのみこと》」や「安麻泥良須可未」といった表記があり、「天照大御神」との神名が定まったのは700年前後で、「あまでらす」と濁って発音していたとの説もあります。

誕生の場面での「日孁《ひるめ》」から「天照大御神」へと神名が変わった経緯について、「天照大御神」は日神として神威《しんい》が高まったことへの尊号《そんごう》であるとしたり、記紀が編纂された天武天皇時代に皇祖神《こうそしん》として確立されたときに完成した神名であるとの指摘もあります。

中世以降に広がった神仏習合《しんぶつしゅうごう》では、天照大御神の本地仏《ほんじぶつ》は大日如来《だいにちにょらい》とされていました。記紀神話への影響がみられる陰陽《いんよう》思想において太陽や男性は陽《よう》、月や女性は陰《いん》であるため、日の神である天照大御神を男神《おとこがみ》であるとする説も平安時代以降に広がり、男体《なんたい》で描かれる像もありましたが、『日本書紀』では素戔嗚尊《すさのおのみこと》（須佐之男命）から「姉」と呼ばれており、伊勢神宮や各神社は女神《おんながみ》としています。

天照大御神は当初は天皇と同じ御殿に祀《まつ》られていましたが、『日本書紀』によると第11代垂仁《すいにん》天皇のときに伊勢に遷座《せんざ》されたと記されています。祭祀《さいし》は天皇が直轄《ちょっかつ》し、皇族女性から選ばれた斎王《さいおう》が遣《つか》わされました。代々の天皇は自ら参拝することはなく、1869（明治2）年の明治天皇が初めてでした。

❖須佐之男命《すさのおのみこと》

『古事記』においては須佐之男命《すさのおのみこと》、『日本書紀』では素戔嗚尊と記されています。荒ぶる神でありながら英雄としても描かれる、絵本などでもおなじみの神です。

黄泉国《よみのくに》から戻った伊耶那岐命《いざなきのみこと》が禊《みそぎ》で鼻を洗ったときに生まれました。海原《うなばら》の統治を命じられましたが、大きく成長してもいっこうに治めようとせず、死んだ母の伊耶那美命《いざなみのみこと》恋しさに泣き叫び、山を枯らし、川や海まで乾してしまうほどでした。万物は災いにみまわれ、怒った伊耶那岐命は「この国に住んではならない」と須佐之男命を追放しました。

「その前に姉（天照大御神）に会いたい」と須佐之男命が天上に向かうと、山や川は鳴動し、国土は震えました。驚いた天照大御神は国を奪いに来たと疑い、「何のために上がってきたのか」と雄叫《おたけ》びを上げて問いました。須佐之男命は「妣《はは》の国へ行く許しを願いに来ました」と言い、心の清明《せいめい》を示すため「互いに宇気比《うけい》（誓約）をして子を生みましょう」と提案しました。

宇気比で三女神を生んだ須佐之男命は「私の心は清明だ。私が生んだのはいずれも女神だから」と勝ち誇り、天照大御神の御殿に糞を撒き散らし、田を荒らしました。大御神は咎《とが》め理解を示そうとしましたが、須佐之男命の乱暴狼藉《らんぼうろうぜき》は収まらず、逆剥《さかは》ぎにした斑馬《しまうま》を機織《はたお》り屋に投げ込んで、神に供える衣を織っていた天服織女《あめのはとりめ》を死なせました。恐ろしくなった大御神は天岩屋《あまのいわや》に籠もってしまいました。

神々は、天照大御神を岩屋から引き出した後、須佐之男命に多くのつぐないを科し、髭と手足の爪を切って高天原《たかあまのはら》から追放しました。食べ物を要求した須佐之男命は、大気津比売神《おおげつひめのかみ》が鼻や口、尻から種々のごちそうを取り出して用意したところ、汚いものを差し上げるのだと思い、大気津比売神を殺してしまいました。

乱暴狼藉が収まらなかった須佐之男命ですが、出雲国に降り立つと、一転して勇敢な英雄として活躍します。人々を苦しめる八岐《やまた》の大蛇《おろち》を退治し、草薙の剣を手に入れて天照大御神に献じました。「清々《すがすが》しい」と言った出雲の須賀にお宮を建て、大蛇から助けた櫛名《くしな》田比売《だひめ》と結婚しました。その際に詠んだ歌は日本最初の和歌とされています。

出雲平野を流れる斐伊《ひい》川の上流では古代から、山を削って採取した砂鉄による製鉄が行われていました。そのために川に土砂が流れ、斐伊川は暴れ川となってたびたび水害をもたらしました。八俣の大蛇の神話は、斐伊川の治水を描いた言い伝えであるとか、製鉄の技術を持つ部族を制圧した物語であるなどと考えられています。

須佐之男命が治める根《ね》の国にやってきた大国主神《おおくにぬしのかみ》には様々な試練を与え、乗り越えた大国主神に国造りの力を与えています。追放されたときに殺した大気津比売神の身体からは稲や粟、小豆《あずき》、麦、大豆が生まれ穀物の起源となっており、須佐之男命は破壊とともに創造をもたらす神としても描かれています。

その性格の荒々しさから、災いを祓《はら》う神としての信仰を生み、疫病除《えきびょうよ》けの神として、インドから伝わった祇園精舎《ぎおんしょうじゃ》の守護神で防疫の神とされる牛頭天王《ごずてんのう》と習合し全国の祇園社に祀《まつ》られました。京都八坂《やさか》神社の祇園祭はその代表として今も賑わいを見せています。

❖月読命《つくよみのみこと》

『古事記』では月読命《つくよみのみこと》、『日本書紀』では月夜見尊などと記されています。黄泉国《よみのくに》から戻った伊耶那岐命《いざなきのみこと》が禊《みそぎ》をして右目を洗ったときに生まれた神で、「夜之食国《よるのおすくに》」の統治を任されていますが、『古事記』ではそれ以降の記述はありません。

『日本書紀』では、天照大御神に命じられて保食神《うけもちのかみ》に会いに地上の葦原中国《あしはらのなかつくに》に降りました。

保食神は口から米や魚、動物を出し多くの食べ物を並べてもてなそうとしましたが、これを見た月読命は「穢《けが》らわしい。口から吐いた物をあえて私に食べさせようとするとは」と怒り、剣を抜いて殺してしまいました。

月読命《つくよみのみこと》が高天原《たかあまのはら》に戻って報告したところ、天照大御神は激しく怒り「お前は悪い神だ。もう会いたくない」と言い、月読命《つくよみのみこと》とは昼と夜とにわかれて交代で住むようになりました。これにより日と月とは顔を合わせずに交代で天に現れるようになったということです。

その後、天照大御神が使いを出して確かめると保食神《うけもちのかみ》は本当に死んでいましたが、その体から牛馬や粟、蚕、稗《ひえ》、稲、麦、大豆と小豆《あずき》が生じており、大御神は「これらは人々が生きていくのに必要な食べ物だ」と喜びました。

『古事記』では須佐之男命が同じように食べ物の神を殺し、それが農耕の起源として語られています。もともとはどちらかの神話として語られていたものとの説もあります。

月は、明治初期まで日本で用いられてきた太陰暦《たいいんれき》の指標であり、その満ち欠けは種まきや刈り取り、魚の産卵など農耕や漁業の重要な目安でした。月読の神名《しんめい》は月を数えることに由来するとされており、月読命は農耕や漁業の神とされています。

出雲神話の神々

❖大国主神《おおくにぬしのかみ》

『古事記』では大国主神《おおくにぬしのかみ》とあり、別名を大穴牟遅神《おおなむちのかみ》、葦原色許男神《あしはらのしこおのかみ》、八千矛神《やちほこのかみ》、宇都志国玉神《うつしくにたまのかみ》と記し、場面によっても名が変わっています。『日本書紀』では本書では大己貴命《おおなむちのみこと》とあり、別の言い伝えとして大国主神、大物主神《おおものぬしのかみ》、国作大己貴命《くにつくりおおなむちのみこと》、葦原醜男《あしはらのしこお》、八千戈神、大国玉神《おおくにたまのかみ》、顕国玉神《うつしくにたまのかみ》の名があり、一八一柱の子がいると書かれています。いずれも須佐之男命《すさのおのみこと》（素戔嗚尊）の六代目の孫としています。

数多くの神名を持つのは、元来はそれぞれ別の地域で崇《あが》められてきた異なる神々を、統合して一柱の神として描いているからではないかとみられています。

高天原《たかあまのはら》にいる「天津神《あまつかみ》」に対する、土着の神々である「国津神《くにつかみ》」の代表的な神として、特に『古事記』は大きな分量をさいてその働きを紹介しています。

絵本などでも有名な因幡《いなば》の白兎《しろうさぎ》の神話では、皮を剥《む》かれて苦しんでいた兎に適切な治療法を教えて助けています。治療に用いた蒲《がま》の花粉は蒲黄《ほおう》と呼ばれ漢方薬として止血などに使われており、大穴牟遅神は「医療の神」としても敬われています。

兄神《あにがみ》の八十神《やそがみ》の陰謀で大穴牟遅神は二度殺されますが、天地開闢のはじめに現れた造化《ぞうか》三神《さんしん》の一柱、神産巣日神《かみむすびのかみ》の援助を得た母神《ははがみ》によって生き返ります。根《ね》の国へ逃れると、根の国の主・須佐之男命が課す数々の試練をその娘の須勢理毘売命《すせりびめのみこと》の助けで克服し、須佐之男命の持つ生大刀《いくたち》と生弓矢《いくゆみや》、天《あめ》の詔琴《ぬごと》を持って須勢理毘売命とともに逃げ出しました。

大穴牟遅神は神宝の力で八十神を追い払い、国造りを始めて大国主神となりました。

大国主神は多くの妻と子を持ったとされています。他の地域の権力者の娘を妻にすることで、その土地の神の霊力を得ることができると考えられていたのです。『古事記』は大国主神が地方のヒメを歌を交わし合って口説く場面を生々しく描いています。須勢理毘売命は嫉妬し悲しみますが、やはり歌を交わして和解し、手を取り抱き合ってともに鎮まっていると『古事記』は記しています。出雲大社では、大国主神が静まる本殿の隣の摂社《せっしゃ》に須勢理毘売命が祀られています。

「記紀」のいずれも大国主神が少名毘古那神《すくなびこなのかみ》（少彦名命）とともに国造りをしたと記されています。人や動物の病気の治療法を広め、鳥獣や虫の災いを防ぐ方法を定めるなど、大国主神と協力して国土経営に尽くした後に、少名毘古那神は常世《とこよ》の国へと去りました。

相棒を失い悲しむ大国主神の前に、海を照らしながら現れた神があり「しっかりと私を祀るなら一緒に国を造ろう」と言いました。大国主神自身の御魂《みたま》の一部で霊妙な働きをする和魂《にぎみたま》とされており、『古事記』では御諸山《みもろやま》の上に鎮座する神、『日本書紀』では大物主神《おおものぬしのかみ》と記されており、大神神社（奈良県）の御神体の三輪山に祀られています。

『古事記』によると、大国主神の国造りが完成すると、葦原中国《あしはらのなかつくに》は大いに賑わい、高天原にまで伝わりました。すると天照大御神は我が子の天忍穂耳命《あまのおしほみみのみこと》が治めるべき国だとして、大国主神に献上するよう説得する使いの神を二度送りましたが、いずれも大国主神に篭絡《ろうらく》されて戻りませんでした。次に送られた建御雷之男神《たけみかづちのおのかみ》に武力による威嚇を受けた大国主神が二柱の御子神《みこがみ》に意見を聞くと、事代主神《ことしろぬしのかみ》は献上することに同意しましたが、建御名方神《たけみなかたのかみ》は建御雷之男神に力競べを挑んで敗れ、諏訪湖（長野県）まで追い立てられて降伏しました。

二柱の御子神が服従したことで、大国主神は高天原に届くほどに高い宮殿に祀られることを条件に国を献上し幽界に隠れることを誓いました。こうして天孫《てんそん》の支配することとなった葦原中国に、天照大御神の孫・邇邇芸命《ににぎのみこと》が降臨しました。

『日本書紀』では造化三神の一柱、高御産巣日神《たかみむすびのかみ》が娘を天照大御神の子・天忍穂耳命に娶《めと》らせ、生まれた孫の邇邇芸命を可愛がり、葦原中国を支配させようとしました。大国主神は国譲りに応じず、建御雷之男神らを追い返します。すると高御産巣日神が自ら交渉に乗り出し、「現世の政事は皇孫が治める。お前は幽界の神事を司《つかさど》れ」と命じて出雲大社の造営を約束し、大国主神の祭祀を司る者として天照大御神の子・天穂日命《あめのほひのみこと》（出雲国造の祖《そ》神《しん》）を任じました。天照大御神よりもさらに上の造化三神と直接交渉して条件を引き出した大国主神は、ここではかなりの抵抗を示しています。

婚姻で各地の有力勢力を大国主神に統合し、大和を守護する大物主神とも融合させる神話は、諸勢力を制圧し取り込んでいった大和王権の歴史を描いているとみられています。

冥界を司る大国主神は目に見えない世界の出来事を決めるため、全国の八百万《やおよろず》の神を集めて「神議《かみはか》り」をするといわれています。その神徳《しんとく》は医療や農業、温泉、厄除け、縁結びなど多岐にわたっています。

❖少名毘古那神《すくなびこなのかみ》

『古事記』では少名毘古那神《すくなびこなのかみ》、『日本書紀』では少彦名命と記されています。非常に小さな姿をした神として描かれています。

『古事記』では、大国主神《おおくにぬしのかみ》が出雲の御大之岬《みほのみさき》にいたとき、海の彼方から天之羅摩船《あめのかがみのぶね》（ガガイモで作った船）に乗って、鵝《がちょう》（蛾の説も）の皮の衣服を着てやってくる神がありました。大国主神《おおくにぬしのかみ》が名を尋ねても答えず、他の神々に聞いてもわかりません。すると谷蟆《ヒキガエル》が「崩彦《カカシ》が知っているでしょう」というので呼んで尋ねると、「神産巣日神《かみむすびのかみ》の御子《みこ》の少名毘古那神です」と答えました。

神産巣日神は、天地開闢のときに最初に成った造化三神《ぞうかさんしん》の一柱で、大国主神《おおくにぬしのかみ》が八十神《やそがみ》に殺されたときに生き返らせたのも神産巣日神です。

大国主神が神産巣日神に尋ねると、「自分の子である。私の指の間からこぼれ落ちた子である。お前と兄弟になってその国を治めなさい」と言いました。大国主神と少名毘古那神は協力して国を造り固め、その後、少名毘古那神は常世の国へと去っていきました。

一方、『日本書紀』では、神産巣日神《かみむすびのかみ》とは別の造化三神《ぞうかさんしん》の一柱、高皇産霊尊《たかみむすびのみこと》が「私の子のひとりだが、いたずら者で、指の間からこぼれ落ちたものだ」と言っています。神産巣日神が出雲神話に多く登場し、大国主神を助ける神であるのに対し、高皇産霊尊は天岩屋《あまのいわや》から天照大御神を引き出す場面や、葦原中国《あしはらのなかつくに》を大国主神から譲り受けるために高天原から神々を送り出す際にも主導的に関わるなど高天原系の神話に目立つ神です。

指の間からこぼれ落ちたという穀物を思わせる表現や、『日本書紀』や『伯耆国風土記《ほうきのくにふどき》』で粟の茎《くき》に登ったときに弾《はじ》かれて常世に渡ったとの記述があり、大国主神《おおくにぬしのかみ》とともに鳥獣や虫の災いを防ぐ方法を定めるなど、穀物神を思わせる性格が指摘されています。

『日本書紀』には人や動物の病の治療法を定めたとも記されています。『伊予国風土記』では、少名毘古那神が病に臥したため、大穴持命《おおあなもちのみこと》（大国主神の別名）が別府の温泉の湯を伊予へ引いて湯浴《ゆあ》みをさせたところ快癒したとあり、道後温泉（愛媛市）の由来とされています。少名毘古那神は大国主神《おおくにぬしのかみ》とともに温泉神として各地の温泉地で祀られています。

❖事代主神《ことしろぬしのかみ》

『古事記』では事代主神《ことしろぬしのかみ》、八重言代主神《やえことしろぬしのかみ》、『日本書紀』では事代主神とだけ記されています。大国主神《おおくにぬしのかみ》と神屋楯比売命《かむやたてひめのみこと》との御子《みこ》で、神の言葉を代わりに申し上げる託宣《たくせん》を司る神といわれています。

『古事記』によると、大国主神が国造りをして栄えた葦原中国《あしはらのなかつくに》を天照大御神が「我が子が治めるべきだ」として、譲るよう説得するために二柱の神々を送りましたが、大国主神はいずれも懐柔《かいじゅう》し、従いませんでした。

そこで高天原《たかあまのはら》は武神《ぶしん》である建御雷之男神《たけみかずちのおのかみ》を派遣し、武力による威嚇に出ました。建御雷之男神は出雲国の伊那佐小浜《いざきのおばま》（島根県出雲市の稲佐の浜）に降り立ち、十拳剣《とつかのつるぎ》の柄を波先《なみさき》に刺し、立てた剣先にあぐらを組んで座って奉献《ほうけん》を迫りました。

大国主神は「我が子の八重言代主神（事代主神）が申し上げるでしょう」と言い、御大《みほの》之岬《みさき》（美保崎）で釣りをしていた事代主神を呼び寄せて相談したところ、「この国は天津《あまつ》神《かみ》の御子に奉りましょう」と言って、乗っていた船を踏んで傾け、天《あめ》の逆手《むかえで》という特殊な柏手《かしわで》を打って船を青柴垣《あおふしがき》に変えて、その中に隠れてしまいました。

この場面で神名《しんめい》が「八重言代《やえことしろ》」となっているのは、特に言葉が重要だからと考えられています。美保神社（島根県松江市）の青柴垣神事（4月7日）はこの神話が由来です。

『日本書紀』では、事代主神が八尋熊鰐《やひろのくまわに》となって三嶋の溝樴姫《みぞくいひめ》のもとへ通い、初代天皇の神武《じんむ》天皇の皇后となる姫蹈鞴五十鈴姫命《ひめたたらいすずひめのみこと》を生んでいます。第2代の綏靖《すいぜい》天皇、第3代の安《あん》寧《ねい》天皇の妃《きさき》は事代主神の子・孫であるほか、事代主神が神功《じんぐう》皇后や天武天皇の加護を語る場面もあり、天皇家との強い結びつきが記されています。天皇家は国津神によって守られているということを示しているとも考えられています。

大国主神の御子でありながら、むしろ天照大御神や歴代天皇のために働く様子が描かれている事代主神は、出雲国の伝承をまとめた『出雲国風土記』には登場しないことなどから、出自には不明な点が多いとの指摘もあります。

釣り好きの神であることから、日本の土着の漁業の神で七福神《しちふくじん》の一員の恵比寿と習合《しゅうごう》し、商売繁盛の神としても崇められています。

❖建御名方神《たけみなかたのかみ》

『古事記』の国譲り神話で登場する神で、大国主神《おおくにぬしのかみ》の御子《みこ》です。

長野県の諏訪湖のほとりに建つ諏訪大社に鎮座しています。神名にある「ミナカタ」は「水潟」で、諏訪湖の水神《みなかみ》であるといわれています。中世まで狩猟の神事が行われるなど狩猟の神の性格も強く、武神《ぶじん》としても武士に崇《あが》められました。

『古事記』では、大国主神が国造りをした葦原中国《あしはらのなかつくに》を献上するよう迫った建御雷之男神《たけみかずちのおのかみ》に対し、力自慢の建御名方神《たけみなかたのかみ》は承服《しょうふく》せずに力競べを挑みました。建御名方神がつかんだ建御雷之男神の手が氷の柱になり、剣に変わって襲おうとしたので建御名方神はたじろぎました。建御雷之男神は建御名方神の手をとると、若い葦《あし》を握りつぶすようにして、建御名方神を遠くへ放り投げてしまいました。武御雷之男神の武力に圧倒されて逃げ出した建御名方神は、信濃の国の諏訪湖まで追い詰められて降伏し、諏訪にとどまって出ないことを誓って服従しました。

諏訪大明神の依《よ》り代《しろ》とされ、御神体《ごしんたい》や「現人神《あらひとがみ》」として崇められた世襲の神職《しんしょく》「大祝《おおほうり》」は、誓いを守るかのように在任中は諏訪郡から出ることはできませんでしたが、これは神《しん》仏習合《ぶつしゅうごう》が進んだ後に記紀神話とは別に諏訪で広がった独自の信仰によるものとの説もあります。大祝職は神職の世襲が禁じられた明治以降は廃止されました。

9世紀ごろに編纂された『先代旧事本紀』には、建御名方神の母神《ははがみ》は高志国《こしのくに》（越国）の高志沼河姫《こしのぬなかわひめ》と記載されています。『古事記』には大国主神が沼河比売《ぬなかわひめ》を口説く神話が記されています。が、建御名方神を生んだとは書かれていません。

『古事記』では建御名方神が諏訪までどのように逃げたのか記されていませんが、現在の新潟県へ海路で渡り、糸魚川《いといがわ》から信濃方面へ上ったとの伝承があります。糸魚川沿いには高志沼河姫を祀《まつ》る神社が多数あり、諏訪大社下社春宮《しもしゃはるみや》の末社《まっしゃ》「子安社《こやすしゃ》」には高志沼河姫が母神として祀られています。

諏訪地方では、建御名方神は他所《よそ》からやってきた神で、土着の神である守矢神《もりやのかみ》などと闘争して勝利した神との伝承があり、出雲の神とはされていません。『古事記』が敗れた神として描いたのは、東国へ版図《はんと》を広げていた大和王権が各地の豪族を制圧する過程を、建御名方神の服属《ふくぞく》の物語として出雲神話に取り込んだためとも考えられています（詳しくは第4章を参照）。

建御名方神は『古事記』の国譲り神話という重要な場面で登場しているにもかかわらず、『日本書紀』には登場しません。編纂当時、力を持っていた藤原氏が、自らの守護神である建御雷之男神が同じく武神として崇められていた建御名方神を圧倒する神話を、天皇家の内輪の文書で公開が前提ではなかった『古事記』にだけ差し込んだためではないかとの指摘もされています。

建御名方神は、源頼朝や北条氏、武田信玄や徳川家康にも軍神《ぐんしん》として崇敬《すうけい》され、諏訪大明神、お諏訪様とも呼ばれて全国の武士によって祀られました。

諏訪社は現在も全国に約2万5000社あり、総本社である諏訪大社で7年に一度行われる御柱祭《おんばしらまつり》は、切り出したモミの木を急斜面から落とし、町内を曳《ひ》いて社殿の周囲に屹立《きつりつ》させる勇壮な祭りとして知られています。狩猟の神としても崇められ、現在は剥製《はくせい》のみですが、かつては75頭の鹿の頭を捧げた「御頭祭《おんとうさい》」が行われています。

天孫降臨《てんそんこうりん》の神々

❖建御雷之男神《たけみかずちのおのかみ》

『古事記』では建御雷之男神や建御雷神、『日本書紀』では武甕槌神・武甕雷神と記されています。鹿島神宮（茨城県）や春日大社（奈良県）に祀《まつ》られる、日本有数の武神《ぶじん》です。

神を称える美称《びしょう》で勇猛であることを示す「タケ」と、厳しい意とされる「御厳《みいか》」の「ミカ」、助詞の「ヅ」に神霊を意味する「チ」、また刀剣を意味する「ツチ」が神名《しんめい》の由来との説があります。『古事記』には別名で建布都神《たけふつのかみ》、豊布都神《とよふつのかみ》とあり、刀剣などで切れる音を示す「フツ」を表すとされています。勇猛で神秘的な神であることを表す神名となっています。

『古事記』では、伊耶那美命《いざなみのみこと》が火の神である火之迦具土神《かぐつちのかみ》を生んだ際に火傷《やけど》を負って死に、怒った伊耶那岐命《いざなきのみこと》が火之迦具土神を十拳剣《とつかのつるぎ》で斬り殺したときに、剣の鍔《つば》についた血が多くの石にほとばしり、そこから生まれた三神のうちの一柱が建御雷之男神です。

建御雷之男神が活躍するのは国譲りの神話で、『古事記』では天鳥船神《あめのとりふねのかみ》を伴い、『日本書紀』では経津主神《ふつぬしのかみ》の次位《じい》の立場で出雲国の大国主神《おおくにぬしのかみ》のもとへ派遣され、葦原中国《あしはらのなかつくに》を天孫《てんそん》に譲るよう求めています。大国主神の御子の事代主神は国譲りに同意しましたが、別の御子・建御名方神は建御雷之男神に力競べを挑み、敗れて服従しました。こうして大国主神は国譲りに応じました。

邇邇芸命《ににぎのみこと》の曽孫《ひまご》神武《じんむ》天皇の東征では、紀伊半島の熊野に着いてから天皇は急に体調を崩し、兵士たちも具合を悪くして寝込んでしまいました。そこへ、熊野の高倉下《たかくらじ》という人物が太刀《たち》を奉《たまわ》ると天皇は起き上がり、何もしないままに熊野の荒ぶる神は自ら切り倒され、寝込んでいた兵士たちも目を覚ましました。

高倉下が見た夢では、天照大御神《あまてらすおおみかみ》と高御産巣日神《たかみむすびのかみ》が建御雷之男神を呼んで「私の子どもたちが苦しんでいる。お前が降っていきなさい」と命じましたが、建御雷之男神は「私が降らなくても、その国を平らげた太刀《たち》を降せばよいでしょう」と答え、高倉下に「高倉下の倉に剣を落とす。目覚めたら神武天皇に献上するように」と告げました。高倉下が目覚めると夢のとおり剣があり、天皇に献上したとのことです。

「高い倉の主」を意味する高倉下は神の剣を預けられたことから倉庫の神とされ、高倉下命《たかくらじのみこと》を祀る高倉神社（三重県伊賀市）が毎年行う「倉暉祭《そうきさい》」には、日本倉庫協会をはじめとする全国の倉庫業関係者が参拝に訪れます。

建御雷之男神が下した霊剣は「布都御魂《ふつのみたま》」の名で石上《いそのかみ》神宮（奈良県天理市）に祀られています。建御雷之男神を祭神とする鹿島神宮（茨城県鹿嶋市）には日本最古の直刀《ちょくとう》「韴霊剣《ふつのみたまのつるぎ》」が伝えられ、国宝に指定されています。

『古事記』には物部氏《もののべし》の祖神《そしん》である経津主神《ふつぬしのかみ》の名がなく、建御雷之男神に差し替えられたとの指摘もあります。「記紀」編纂を命じたのは天武天皇で、兄の天智天皇とともに大化の改新を行った中臣鎌足《なかとみのかまたり》の一族は政権の中枢にありました。鎌足を祖とする藤原氏は建御雷之男神を氏神とし、春日大社に祀りました。

鎌足は鹿島の出身とされています。建御雷之男神は蝦夷平定の武神でもあり、鹿島神宮の分社は鹿島から東北方面に多く、東北鎮護・陸奥《むつ》国一之宮の鹽竈《しおがま》神社（宮城県塩竈《しおがま》市）にも祀られています。建御雷之男神は武道の神として人々に崇められています。

❖日子番能邇邇芸命《ひこほのににぎのみこと》

『古事記』では天邇岐志国邇岐志天津日高日子番能邇邇芸命《あめにきしくににきしあまつひこひこほのににぎのみこと》、『日本書紀』では天津彦彦火瓊瓊杵尊などと記されています。

高天原《たかあまのはら》を治める天照大御神の孫神《まごがみ》で、「天孫《てんそん》」とは邇邇芸命のことであり、地上を支配するために天降《あまくだ》る「天孫降臨《てんそんこうりん》」の神です。天皇家の祖先として知られ、初代天皇の神武《じんむ》天皇は曽孫《ひまご》にあたります。

神名《しんめい》は、日の子とあるように天照大御神《あまてらすおおみかみ》の直系で、「ホノ」は「穂の」、「ニニギ」は賑々《にぎにぎ》しいの意であり、稲穂が豊かに実る様を表しています。『古事記』では、邇邇芸命《ににぎのみこと》は天照大御神と高御産巣日神《たかみむすびのかみ》から地上の統治を委任され、「三種の神器《じんぎ》」といわれる八尺瓊勾玉《やさかにのまがたま》・八咫鏡《やたのかがみ》、天叢雲剣《あめのむらくものつるぎ》（草薙の剣）を授けられて高千穂峰《たかちほのみね》（宮崎県）に降臨《こうりん》しました。

邇邇芸命が天照大御神から「鏡を私の御魂《みたま》と思って祀るように」と命じられたことが、八咫鏡を御神体《ごしんたい》とする伊勢神宮内宮の起源とされています。

降臨には天照大御神の天岩屋《あまのいわや》神話で祭祀に関わった五神の「伴緒《とものお》」が随行しています。五柱はそれぞれ朝廷の祭祀に奉仕した氏族らの祖神《そしん》で、伴緒は職業集団の長のこととされています。王権の秩序の根源は高天原《たかあまのはら》にあり、天岩屋神話で示されたその秩序がそのまま地上にもたらされたことを示していると考えられています。

降臨した邇邇芸命は笠沙《かささ》の岬（鹿児島県南さつま市の野間岬）に宮殿を築き、

伊耶那岐命《いざなきのみこと》・伊耶那美命《いざなみのみこと》が生んだ大山津見神《おおやまつみのかみ》の娘・木花之佐久夜毘売《このはなのさくやびめ》と出会って一目で恋に落ち、結婚を申し込みました。

大山津見神は大いに喜び、姉の石長比売《いわながひめ》を添えて送り出しましたが、大変美しい妹に対して姉は非常に醜く、邇邇芸命は驚いて姉を送り返して妹だけと交わりました。

大山津見神は非常に恥じて、「石長比売を側《そば》に置けば、天神御子《あまつかみみこ》（邇邇芸命）の命は石のように変わらず、木花之佐久夜毘売が側にいれば木の花が咲くように栄えるようにと願いをかけて送り出したのに、石長比売を返し、木花之佐久夜毘売だけを留めたので、天神御子の命は桜の花のようにもろいものになるでしょう」と言いました。

『古事記』は、これによって天皇の命は長くないのだと記しています。神の子孫であるはずの天皇がなぜ死ぬのかという問いに答えるために用意された逸話とみられています。

しばらくして木花之佐久夜毘売が妊娠したことを告げると、邇邇芸命は「たった一夜で妊娠したというのか。これは我が子ではない。国津神の子に違いない」と疑いました。木花之佐久夜毘売は怒り、「天津神の子なら無事に生まれるでしょう」と御殿に火を放ち、燃え盛る炎の中で三柱の子を生んで邇邇芸命の子であることを証明しました。

『日本書紀』によるとしばらくして邇邇芸命は崩御し、「可愛山陵《えのみささぎ》」に葬られました。明治7（1874）年、宮内省によって山陵《みささぎ》は鹿児島県薩摩川内市《さつませんだいし》の神亀山《しんきさん》にあると治定《じじょう》されて省直轄《しょうちょっかつ》となり、現在も宮内庁が陵墓《りょうぼ》として管理しています。

❖猿田毘古神《さるたびこのかみ》

『古事記』は猿田毘古神《さるたびこのかみ》や猿田毘古大神、『日本書紀』は猨田彦大神、猨田彦神と記しています。

天孫《てんそん》である邇邇芸命《ににぎのみこと》が地上へ降ろうとしたときに、高天原《たかあまのはら》と葦原中国《あしはらのなかつくに》との堺のいくつもの道にわかれている場所「天之八衢《あめのやちまた》」で天孫の一行を出迎えて案内したことから、道ひらきの神として崇められています。

『古事記』では天にも地上にも光を照らす神として登場します。『日本書紀』では、背が2メートル近くあり、拳7つ分もある長い鼻、口の端が光り、目は八咫《やた》の鏡のように輝き、赤いホウズキのようだという異形の神になっています。周囲には多くの眼光鋭い神々がおり、邇邇芸命の供をしている神々は何も尋ねることができません。天照大御神と高木神《たかぎのかみ》(高御産巣日神《たかみむすびのかみ》)は気後れしない神として天宇受売命《あめのうずめのみこと》に交渉を命じます。

天宇受売命は、天照大御神が隠れた天岩屋戸《あまのいわやど》の前で胸乳《むなぢ》を露《あらわ》にして踊り、神々を喜ばせて笑わせ、大御神《おおみかみ》を外に誘い出した神です。『日本書紀』ではここでも同じように胸乳を露《あらわ》にして笑いかけ、猨田毘古神に問いました。

猿田毘古神は名乗りを上げて「私は国津神《くにつかみ》です。天津神御子《あまつかみみこ》が天降《あまくだ》りすると聞いたので先導するために参上して待っていました」と答えました。

天孫は無事に筑紫《ちくし》の日向《ひゅうが》の高千穂峰《たかちほのみね》に降り、天宇受売命は猿田毘古神を本拠地である伊勢の五十鈴川《いすずがわ》の川上へと送りました。邇邇芸命は天宇受売命に猿田毘古神にちなんだ名を与え、天宇受売命の子孫は猨女君《さるめのきみ》の号を持ち、天皇家の長寿を祈る宮廷儀礼の鎮魂祭《たましずめのまつり》で舞《ぶ》楽《がく》を演じる巫女《みこ》を出す氏族となりました。

『古事記』で猿田毘古神が神々《こうごう》しい姿で描かれているのは、編纂した稗田阿礼《ひえだのあれ》が猿女君の出自だったためとの説もあります。天宇受売命は猿田毘古神と結婚したとされ、各地の神社に夫婦ともに祀られています。

猿田毘古神は阿耶訶《あざか》（三重県松阪市大阿坂《おおあざか》・小阿坂《こあざか》）の海岸で漁をしていたとき、比良《ひら》夫貝《ぶがい》に手を挟まれて海に沈み、溺れてしまいました。底に沈んだときの名を「底度久御魂《そこどくみたま》」、海水に泡がたったときの名を「都夫多都御魂《つぶたつみたま》」、水面に泡が開いたときの名を「阿和佐久御魂《あわさくみたま》」といいます。こうした記述から、伊勢・志摩の漁労《ぎょろう》に従事した氏族の儀礼や呪術に関わったともみられています。

猿田彦大神を祭神《さいじん》とする猿田彦神社（三重県伊勢市）によると、9世紀初頭の「皇太神《こうたいじん》宮《ぐう》儀式帳」や鎌倉中期の『倭姫命世記《やまとひめのみことせいき》』では、第11代垂仁《すいにん》天皇の第4皇女《こうじょ》の倭姫命が三種の神器《じんぎ》のひとつ「八咫鏡《やたのかがみ》」を祀る場所を探していたところ、猿田彦大神の子孫である大田命《おおたのみこと》が五十鈴川の川上の地をすすめ、皇大神宮（内宮）が造営されたとされています。

伊勢と関わりが深く、後裔氏族《こうえいしぞく》は伊勢土着の宇治土公氏《うじのつちぎみ》とされています。

❖天宇受売命《あめのうずめのみこと》

『古事記』では天宇受売命や天宇受売、『日本書紀』では天鈿女命《あまのうずめのみこと》と記されています。

「ウズ」はかんざしの意味で、髪飾りをして神楽をする女神であり、神がかった巫女《みこ》の神格化とされています。天照大御神《あまてらすおおみかみ》が天岩屋《あまのいわや》に隠れたとき、岩屋の前で踊りを披露して大御神の興味を引いた神で、芸能の神として崇められています。

高天原《たかあまのはら》で乱暴狼藉を繰り返す須佐之男命《すさのおのみこと》に怒った天照大御神が天岩屋に隠れたため、天地は暗闇となってあらゆる災いが起こり、神々は大御神に岩屋から出てもらう方法を考えました。

天香山《あめのかぐやま》から掘り出した榊の枝に八尺瓊勾玉《やさかにのまがたま》、八咫鏡《やたのかがみ》、白と青の布をかけ、祭祀を行う布刀玉命《ふとだまのみこと》がこれを捧げ持ち、天児屋命《あめのこやねのみこと》が祝詞《のりと》を奏上《そうじょう》したところで天宇受売命の踊りが始まります。

『古事記』は、天宇受売命は天香山の日陰蔓《ひかげのかずら》をたすきにかけ、真析蔓《まさきのかずら》を髪飾りにして、笹の葉を束ねて持ち、天岩屋の前に桶《おけ》を伏せて踏み鳴らし、神がかりして胸乳《むなぢ》を露出させ、帯を女陰《じょいん》までおし垂《た》らしたと臨場感のある描写をしています。これらは実際に行われていた祭祀の原初の形態を表していると考えられています。

天宇受売命の踊りを見た神々が高天原に鳴り響くほどに笑い、不思議に思った天照大御神が天岩屋戸を少し開けて覗き見たところを引き出され、天地に明かりが戻りました。天照大御神を太陽に見立てた、太陽の復活への願いが投影された神話で、天宇受売命の所作は宮廷儀礼「鎮魂祭《たましずめのまつり》」における巫女の姿を反映しているとみられています。鎮魂祭は日が最も短くなる冬至のころに行われる、大御神の子孫である天皇の長寿を祈る儀礼です。

天宇受売命は、天岩屋の前で祭祀を行った神々とともに天孫・邇邇芸命《ににぎのみこと》の供をして地上へと降りました。このとき道を塞《ふさ》いでいた猿田毘古神に名を問う役目を命じられ、胸乳を露にし、裳《も》の紐《ひも》を臍《へそ》の下に垂らして笑いかけるという、天岩屋神話と似た所作を見せて交渉しています。邇邇芸命は猿田毘古神の先導で無事に高千穂峰に降り立ちました。

天宇受売神について、『日本書紀』に「巧みに俳優《わざおぎ》をなし」「顕神明之憑談《かむがかりをす》」とあります。「わざおぎ」とは身振りや動作によって神を招くことで、俳優・神楽・技芸・鎮魂の祖神《そしん》と仰がれる天宇受売神は、芸能全般の神として広く愛されています。

コラム

神社と寺は何が違う？

日本には神社の他に、不動尊などの寺院が多数あります。初詣には神社へ、お盆には寺へお参りする人も多いですが、寺でも神社のように柏手《かしわで》を打ってよいのか、逆に神社でも柏手を打たずに静かにお参りするのか、迷っている人の姿も見かけます。そもそも神社と寺院は何が違うのでしょうか。

神道は日本の古来伝わる宗教で、山や森、海など自然崇拝から、人や物などあらゆるものに神霊の存在を感じて崇めるようになった、八百万《やおよろず》の神々を敬う多神教の宗教です。特定の開祖はおらず、神の啓示を受けた聖典のようなものもありません。

仏教はインドに生まれた釈迦（ブッダ）が始めた宗教で、中国大陸を経て日本に伝来しました。釈迦をはじめ、悟りを開いた仏や阿弥陀などを信仰し、仏の教えや教義を記した経典が重要な存在となっています。

神社は神道の神々を祀る儀式を行い、鎮座している神を崇める人々が参拝に訪れる場所です。祭神の依《よ》り代《しろ》となる鏡や剣が御神体として本殿の奥に奉安されていますが、基本的に公開されることはありません。背後の山そのものが御神体となっている場合は本殿はなく、拝殿から拝むことになります。境内《けいだい》の入り口には鳥居があり、参道の両側に狛犬や狐の像があります。

寺には釈迦如来や阿弥陀如来、観音菩薩などの仏や、不動明王や毘沙門天などの仏神が祀られており、その寺のもっとも重要な仏を本尊といいます。安置されている仏像の前で拝むのが基本ですが、何年かに一度だけ御開帳されるか、全く公開されない秘仏もあります。境内の入り口には屋根のある重厚な山門がある場合が多いです。

神社で神に奉仕しているのは神職で、その責任者である宮司、補佐である権宮司や禰宜が祭祀を行い、女性の巫女が神楽を舞います。経典がない神道では、神話や神への感謝、願いなどを述べる祝詞《のりと》を神職が書いて奏上します。

➡P.132につづく

寺は、「お坊さん」とも呼ばれる僧侶が釈迦の教えなどを記した経典を読んだり修行したりする場所です。一人前と認められて教えを説く僧侶を和尚といい、住み込みで管理運営している僧侶を住職といいます。

死を穢《けが》れとみなす神社には基本的に墓はなく、死後の成仏を願う寺には墓地があるのが一般的で、神社では結婚式を、寺では葬式を行う人が多いようです。

参拝の仕方は、神社は鳥居の前、寺は山門の前で一礼し、神社にも寺にも手水舎《ちょうずや》がありますので手や口をすすいで清めます。神社の場合、拝殿の前でお賽銭を入れ、鈴があれば鳴らして、二礼二拍手一礼をします。寺の場合は柏手を打たずに静かに手を合わせます。

日本では仏教が伝来して以降、神道の神々と習合し、神社には寺が、寺には神社が造られ、日本の神々は仏の仮の姿であるとする「本地垂《ほんじすい》迹説《じゃくせつ》」などによって、一体のものとして崇められていました。明治時代に入って神仏が分離され、神社にあった仏像や仏塔が撤去されたり破壊されるなどして神社と寺の区別がされました。その際に祭神や本尊が代わり、社名が変更された神社も多くありました。

第4章

日本の神様の基礎 Ⅲ

教養人として知っておきたい
日本の主な神様たち2

全国に広がる神社の神様

日本全国津々浦々にまである神社の中に、「八幡社《はちまん》」「稲荷社《いなり》」といった神様の名前を冠した神社が数多くあります。多くは特定の神社の神霊を移す勧請《かんじょう》によって各地に広がっていったものです。

神道系宗教法人が持つ神社の99％超にあたる7万8535社の神社を包括している包括宗教法人・神社本庁（東京都）は、1990（平成2）年からの5年間で「全国神社祭祀祭礼総合調査」を行っています。創建の由緒や祭りの概要などをもとに直接・一律に調査したもので、神社名から主に祀られている祭神がわかる神社を都道府県ごとに集計し、「○○信仰」と分類しています。

同調査によると、神社数の多い信仰形態は順に上記のとおりです。

神社数の多い信仰形態

①八幡信仰	７８１７社
②伊勢信仰	４４２５社
③天神信仰	３９５３社
④稲荷信仰	２９７０社
⑤熊野信仰	２６９３社
⑥諏訪信仰	２６１２社
⑦祇園信仰	２２９９社
⑧白山信仰	１８９３社
⑨日吉信仰	１７２４社
⑩山神信仰	１５７１社

著名神社別の分社数

①伏見稲荷大社	3万2000社
②宇佐八幡宮・石清水八幡宮（八幡神社）	2万5000社
③伊勢神宮（神明社・天祖神社）	1万8000社
④太宰府天満宮・北野天満宮（天満社・天神社）	1万441社
⑤宗像神社・厳島神社	8500社
⑥諏訪大社	5073社
⑦日吉大社	3799社
⑧熊野那智大社	3078社
⑨津島神社	3000社
⑩白山比咩神社	2717社
⑪八坂神社	2651社
⑫熱田神宮	2000社
⑬松尾大社	1114社
⑭鹿島神宮	918社
⑮秋葉神社	800社
⑯金刀比羅宮	683社
⑰香取神宮	477社
⑱氷川神社	287社
⑲貴船神社	260社
⑳多賀大社	229社

神社本庁調査部として岡田米生氏が行った著名神社の分社数の調査（「全国神社祭神御神徳記」１９６６年）は数字が大きく異なっています。当時の神社本庁の包括神社が約８万社であり、上位４社だけで８万５０００社を超える同調査は法人格のない神社や小さな祠《ほこら》なども集計したものとみられます。日本人の信仰のほどを知るうえで参考になる数字で、文化庁が毎年発行している宗教年鑑でもこの数字を紹介しています。

同調査による著名神社別の分社数は多い順に前ページのとおりです。

神社創建の由来はそれぞれですが、その地域の人々の属性や職業などによって崇敬する神様に違いがあり、勧請される神社も異なってきます。それぞれの神様の信仰圏が歴史的にどのように広がったのかを見ていくと、その神様の性格を改めて知ることができます。

八幡《はちまん》信仰

八幡神《はちまんしん》を祀る「八幡神社」や「八幡宮」は全国にくまなく広がっています。『古事記』『日本書紀』に登場しない八幡神の信仰が広がったのは、常に政治の中心に近い位置で崇敬されてきたからだと考えられています。

八幡信仰の発祥は宇佐八幡宮（大分県宇佐市）です。祭神は八幡大神《はちまんおおかみ》（誉田別尊《ほんだわけのみこと》＝応神《おうじん》

天皇）、比売大神《ひめおおかみ》（多岐津姫命《たぎつひめのみこと》・市杵嶋姫命《いちきしまひめのみこと》・多紀理姫命《たぎりひめのみこと》）、神功《じんぐう》皇后の三神です。

宇佐地方の御許山《おもとさん》信仰が原型とされていますが、神託を受けて宮司《ぐうじ》家となった渡来系氏族の辛嶋氏《からしまうじ》が大陸や半島の文化と仏教をもたらし、やはり神託を受けた宮司家で畿内（近畿）出身の大神氏《おおみわうじ》が応神《おうじん》天皇崇拝を持ち込んで融合し、7世紀までに八幡神となったとされています。

地理的に大陸文化がいち早く入り、7世紀後半には関連寺院が設けられました。8世紀初頭に現在の場所に建立されたころから境内《けいだい》に弥勒寺《みろくじ》という神宮寺があり、正式には「宇佐八幡宮弥勒寺」と号し、神前読経が行われるなど、神仏習合が最も進んだ神社でした。

720年に南九州で起きた隼人の反乱では朝廷の軍は手を焼きましたが、八幡神の神輿が加わったのち勝利を収めました。その後、八幡神の託宣《たくせん》があり、多くの命を奪った罪を贖うために年に一度、生類《しょうるい》を放《はな》つ仏教由来の「放生会《ほうじょうえ》」が宇佐八幡宮で行われるようになりました。八幡宮の最も重要な神事として各地の八幡宮で現在も受け継がれています。

聖武《しょうむ》天皇によって進められていた東大寺大仏造営事業では、神々を代表して奉仕するという八幡神の託宣があり、749（天平勝宝元）年に宇佐八幡宮の禰宜尼《ねぎに》が八幡神を奉じて入京したことで朝廷との関係が深まり、中央進出のきっかけとなりました。769（神護景雲3）年には、朝廷内で権力を握った僧・道鏡の皇位簒奪《さんだつ》を八幡神の託宣が阻止しており、朝廷の守護神としての性格を強めています。

8世紀後半になると八幡神は「菩薩《ぼさつ》」と自称する託宣を下しました。菩薩とは、仏になることができるにもかかわらず、迷いの中に生きる生類、「衆生《しゅじょう》」を救済するためにあえて仏にならずにいる存在とされています。781（天応元）年に八幡大菩薩の神号を朝廷から奉《たてまつ》られると神仏習合がさらに進み、大和や京近隣の有力寺院の鎮守社として勧請《かんじょう》されました。これ以降、菩薩を号する神が全国に多数現れるようになりました。

860（貞観元）年には八幡神の託宣を受けた僧侶・行教《ぎょうきょう》によって山城国（現在の京都）に勧請《かんじょう》されました。「石清水八幡宮護国寺」と称し、明治維新後に神仏分離が行われて破壊されるまで護国寺は本殿と一体でした。僧侶でありながら妻帯《さいたい》し、世襲する別当が全体を治めるという神仏習合らしい体制でした。こうした形態を「宮寺《みやでら》」といい、各地に広がっていきました。

宇佐よりも都に近い石清水八幡宮は朝廷との関係を深めて政治的な力を強めました。各地に荘園《しょうえん》を広げ、新たに神社を設けたり、もとからある神社を取り込んだりして荘園経営の拠点とし、八幡神を鎮守神《ちんじゅがみ》として祀りました。

応神天皇と同一視されている八幡神は天皇の祖神《そしん》とされていましたが、臣籍降下《しんせきこうか》した皇族を祖とする源氏が氏神として崇め、源義家《みなもとのよしいえ》が石清水八幡宮で元服して八幡太郎《はちまんたろう》を名乗り、さらに武神《ぶしん》としての性格が前面に現れていきました。平安末期には鎌倉に鶴岡八幡宮が勧請され、武家の棟梁として鎌倉幕府を開いた源頼朝《みなもとのよりとも》は境内《けいだい》を整備して熱心に参詣《さんけい》しました。全国の御家人たちも、自らの氏神とは別に、武神として所領に八幡神を祀りました。その後の幕府を開いた足利家、徳川家とも源氏を名乗っており、八幡神も武士の守護神であり続けて全国に広がったものとみられています。

伊勢信仰

天照大御神《あまてらすおおみかみ》を祀る伊勢神宮から各地へ広がった神社は「神明宮《しんめいぐう》」「皇大神宮《こうたいじんぐう》」「天祖神社《てんそじんじゃ》」といった名で、特に東海地方や北陸地方に多く分布しています。

天皇の氏神である天照大御神を祀る伊勢神宮は、朝廷の祭祀制度の中でも最も重んじられた神社です。天皇の近親である未婚の皇女《こうじょ》を斎王《さいおう》として派遣し、20年に一度の式年遷宮《しきねんせんぐう》が690年から行われ、天皇以外の幣帛《へいはく》を禁じる「私幣禁断《しへいきんだん》」の制度が定められていました。

平安時代中期以降、朝廷の支配力が衰えて神宮の財政基盤が揺らいでくると、伊勢神宮の神職が貴族を相手に祈祷祈願《きとうきがん》をするようになり、平安末期には諸国の武士に対しても行うようになりました。「私幣」は次第に認められるようになり、各地の領主から「御厨《みくりや》（伊勢神宮の所領）」が寄進され、その運営をする行政の拠点として神宮が「庤《かんだち》」を設けたのが「神明宮」の前身とみられています。

御師《おんし》と呼ばれる神職が御厨を回って領民の願意《がんい》を神宮に取り次ぎ、御祓大麻《おはらいたいま》（御札《おふだ》）を配ったほか、御師と檀家の関係を結んだ崇敬者《すうけいしゃ》が神宮を参拝する際には宿坊《しゅくぼう》のように自邸に宿泊させるなどして、庶民の間に信仰を広げていきました。鎌倉期には伊勢神宮への参詣者《けいしゃ》がおびただしい数となり、戦《いくさ》のない太平の世となった江戸時代になると治安が劇的に改善されて、60年に一度の「御蔭参り《おかげまいり》」が盛んになりました。ときには数百万人もの規模になったといいます。全国から集まった人々の交流の場となり、情報や技術を持ち帰って地元に還元する機会にもなっていました。

朝廷の力が衰えて以降は皇大神宮（内宮《ないくう》）と豊受大神宮《とようけだいじんぐう》（外宮《げくう》）の差がなく、御師の圧倒的多数が外宮に属していたために庶民の信仰はむしろ外宮に多く寄せられていました。天皇を中心とした政治体制となった明治維新後、政府はこれを問題視し、内宮の神職を外宮より上位とするなど上下の差が明確にされるようになりました。江戸時代には2000人ほどいた御師は廃止され、内宮の前を流れる五十鈴川《いすずがわ》の内側まで立ち並んでいた民家がすべて撤去されるなど、街並みも大きく変わりました。罪穢《つみけが》れを祓《はら》うためのものだった神宮大麻は、国民が朝夕に内宮を敬拝《けいはい》するための「天照皇大神宮大麻《てんしょうこうたいじんぐうたいま》」となり現在に至っています。

1897（明治30）年に山田駅まで鉄道が開通すると旅行者が急増し、皇室崇敬の教育を目的とした修学旅行で小学生らが全国から参拝するようになりました。戦時下となると伊勢神宮参拝は政府によってむしろ積極的に奨励されました。

伊勢神宮への崇敬が篤《あつ》かった源頼朝が東海地方の多くの領地を御厨として寄進したため、東海地方には今も伊勢信仰の神社が多くあります。北陸にも御厨が多く、伊勢信仰の神社が多い傾向です。神社本庁の調査では愛知県に599社、岐阜県に457社、静岡県に157社、富山県に679社、福井県に98社あります。関東でも東京都に114社、神奈川県に94社、千葉県に94社あります。

庶民に信仰が広がり、新田開発などで新たに集落が形成されると、神明宮《しんめいぐう》や神明社が勧請されていきました。そうして創建されたとみられる伊勢信仰の神社は信越地方や東北に多く、新潟県に728社、長野県に152社、山形県に237社、秋田県に161社あります。御師の活動は西日本でも盛んでしたが、神社の分布は東よりも相対的に少なく、滋賀県以西では兵庫県の53社が最多となっています。

天神信仰《てんじん》

菅原道真《すがわらのみちざね》（８４５～９０３年）を天満天神《てんまんてんじん》として崇《あが》める信仰です。日本の「天津神《あまつかみ》、国津神《くにつかみ》」という神々の総称に中国由来の「天神地祇《てんじんちぎ》」の字が当てられているほか、雷神《らいじん》としての天神を崇める神社もありますが、一般に「天神信仰」というときは、神格化された菅原道真への信仰を指します。

道真は当代一流の学者・詩人であり、宇多《うだ》天皇に重用《ちょうよう》されて2番目に位の高い右大臣の地位にありましたが、次の醍醐《だいご》天皇の代の９０１（延喜元）年に突然、謀反《むほん》の疑いをかけられ、九州の大宰府に左遷されて2年後に困窮のうちに亡くなりました。

その後、道真排斥の首謀者らが続けて死亡し、道真の怨霊によるものと囁《ささや》かれました。さらに皇太子が21歳で死亡したことから、朝廷が道真を右大臣に復させ、正二位《しょうにい》の位を追贈《ついぞう》しました。これにより、怨霊としての威力が実質的に認められることとなりました。次の皇太子も夭逝《ようせつ》したほか、９３０（延長8）年に宮中への落雷で朝廷の要人が死亡し、醍醐天皇も体調を崩して崩御《ほうぎょ》しており、これらも道真の怨霊によるものと恐れられました。

こうした状況を背景に、巫女や神職、僧侶といった民間の宗教者が、託宣《たくせん》を通して道真を天神として神格化し、947（天暦元）年に現在の北野天満宮（京都市）の地に祀《まつ》りました。朝廷は987（永延元）年に勅使《ちょくし》を派遣して国家の平安を祈念し、「北野天満天神」の社号を贈ったほか、993（正暦4）年には道真に正一位太政大臣《しょういちいだいじょうだいじん》を追贈《ついぞう》しました。天神としての神威《しんい》が公的に承認され、怨霊から転じて国家的な守護神という地位を得るに至ったのです。

　奈良時代から平安時代にかけて、冤罪や陰謀で天皇や役人、武将が無念のうちに亡くなった後に疫病のまん延や落雷が多発すると、怨霊による祟《たた》りであるとしてその人々を祀る「御霊信仰《ごりょうしんこう》」が盛んになりました。代表的なのが天神信仰です。

　道真が没した太宰府では905（延喜5）年に門弟《もんてい》の味酒安行《うまさけやすゆき》によって埋葬地に廟《びょう》が設けられ、「天満大自在天神《てんまだいじざいてんじん》」として祀られました。廟は「安楽寺」という寺院になり、江戸時代には「西都聖廟《せいとせいびょう》」として遠方からも参拝者が訪れて賑わいました。明治維新後の神仏分離政策で安楽寺は廃寺となり、太宰府神社になった後、戦後に太宰府天満宮（福岡県太宰府市）となっています。

　天満大自在天神とは、雷神としての天神と道真の御霊、密教の護法神《ごほうしん》、神話的な「天津《あまつ》神《かみ》」などが習合《しゅうごう》した神格《しんかく》です。道真の生前と死後の逸話から、無実の罪を晴らして潔白を明らかにする「雪冤《せつえん》」や、至誠《しせい》・孝道《こうどう》、国家鎮護《ちんご》、詩文・和歌、書道など御神徳は多岐にわたっています。江戸時代には寺子屋の神として崇められ、現在も学問の神として親しまれています。

神社本庁の調査では天神信仰の神社は九州に多く、福岡県に672社、大分県に398社、佐賀県に272社、熊本県に122社、長崎県に94社と集中しているほか、道真が太宰府へ赴いた道筋のためか西日本に多く鎮座しています。

稲荷《いなり》信仰

稲荷神《いなりしん》に対する信仰で、その眷属《けんぞく》とされる狐《きつね》への信仰も含まれます。食べ物や農耕、商工業などの産業に関わる信仰のほか、屋敷神としても信仰され、信仰の範囲は全国に及びます。稲荷社《いなりしゃ》は小祠《しょうし》や邸内社《ていないしゃ》を含めると全国に3万社を超えるとみられ、最も信奉者の多い信仰形態ともされています。

稲荷信仰は、伏見稲荷大社（京都市）の勧請《かんじょう》とされるものや、伏見稲荷とは関係なく各地にあった信仰のほか、仏教の荼枳尼天《だきにてん》と習合したものもあります。

伏見稲荷大社の創建については、『山城国風土記《やましろのくにふどき》』逸文《いつぶん》に、豪族・秦氏《はたうじ》の人物である秦伊侶具《はたのいろぐ》が餅を的にして弓を射たところ、餅が白鳥となって伏見山の峰に降り、稲が生育したことに由来すると伝えられています。
827（天長4）年、淳和《じゅんな》天皇の身体が不調のため占うと、東寺《とうじ》（京都市）の伽藍《がらん》の部材に伏見稲荷の山の木を用いた祟《たた》りとわかり、稲荷神に従五位下《じゅごいげ》の神階《しんかい》を賜《たまわ》っています。以降、京の人々から巽《たつみ》（東南）の福神《ふくじん》として崇敬され、942（天慶5）年には最も高い位である正一位《しょういちい》を受けています。現在も各地の稲荷社に「正一位」とあるのはこれに由来しています。

稲荷社の祭礼で特に賑わうのは2月の初午《はつうま》です。稲荷神の鎮座が初午と説明されていますが、春に山の神が降りてきて田の神となり、秋に山へと帰っていくという全国的な民間信仰と結びついたものとされています。こうした民間信仰が、稲荷神の信仰が受け入れられていく基盤にあったとみられています。

山の神を迎える祭場は狐塚《きつねづか》と呼ばれ、全国に分布します。稲荷神は宇迦之御魂神《うかのみたまのかみ》や保食神《うけもちのかみ》、御食津神《みけつのかみ》と習合して祀られています。「ウカ」「ウケ」「ケ」は食べ物を意味する神ですが、狐の古名は「けつ（きつ）」といい、「みけつのかみ」に「三狐神」と当て字をして狐を神としたという信仰もあります。また、仏教の荼枳尼天《だきにてん》は白狐に乗った女神とされ、稲荷神と習合して寺院に祀られています。

稲荷神は新たに開拓された土地に農業の神として祀られたほか、江戸時代に入ると商売の神ともされ、特に江戸では伏見稲荷大社からの勧請《かんじょう》が激増し、江戸の町にたくさんあったもののたとえとして「伊勢屋稲荷に犬の糞」ともいわれるほどになりました。また、屋敷神としての信仰もあり、諸大名が積極的に邸宅に勧請しています。

稲荷社は天神・天満社とは対照的に東日本に多く分布しています。青森県の津軽地方や福島県など土地開拓の過程で祀られ、福島県や山形県では修験道《しゅげんどう》の影響があるとみられるほか、江戸の町だった東京都の23区内や、埼玉県や東京西部などの武蔵野台地にも多く祀られています。

熊野《くまの》信仰

紀州の熊野三山と総称される熊野本宮大社《くまのほんぐうたいしゃ》（和歌山県田辺市）、熊野速玉大社《くまのはやたまたいしゃ》（和歌山県新宮市《しんぐう》）、熊野那智大社《くまのなちたいしゃ》（和歌山県那智勝浦町）を本拠地とする信仰です。

『日本書紀』に伊弉冉尊《いざなみのみこと》を熊野の有馬村の花窟《はなのいわや》に葬ったとあるなど、熊野は古くから他界信仰の聖地とされてきました。6世紀に仏教が伝わると、死霊の冥界と考えられていた地域が現世の浄土と受け止められるようになりました。早くから神仏習合が進んで「熊野三《くまのさん》所権現《しょごんげん》」と崇められ、吉野・高野山につながる山岳霊場として多くの修験者《しゅげんじゃ》の活動がみられました。907（延喜7）年の宇多《うだ》法皇以来、法皇や上皇の熊野御幸《ごこう》が頻繁に行われ、貴族、民衆を問わず「熊野権現《ごんげん》信仰」が広まって熊野参拝が流行し、参拝者の行列が「蟻《あり》の熊野詣《まいり》」と称されるほどでした。

修験者による勧請《かんじょう》活動で各地に勧請されたほか、熊野比丘尼《くまのびくに》といわれる尼僧が諸国を廻り、長い道筋をたどる熊野参詣を熊野参詣曼荼羅《まんだら》や観心十界図による絵解きで語り、庶民へ信仰を広げました。また、時宗の開祖・一遍《いっぺん》が1274（文永11）年に熊野本宮で熊野権現から夢告《むこく》を受けたことで、時宗の入門者も信仰の流布に重要な役割を担いました。

熊野信仰の神社は関東や東北に多く、熊野修験者がこれらの地域の霊山で修行し、人々の祈祷を行うなどして信仰を広げたためと考えられています。

日本神話に登場する三本足のカラス「八咫烏《やたがらす》」は神武天皇を熊野国から大和国へと案内した導きの神で、熊野三山では熊野大神に仕《つか》える存在として信仰されています。明治時代に日本にサッカーを初めて紹介し普及に貢献した中村覚之助が和歌山県出身であることにちなんで、八咫烏は日本サッカー協会のシンボルマークになっています。

諏訪信仰

長野県の諏訪湖のほとりに鎮座する諏訪大社（諏訪市・茅野《ちの》市）を中心に全国に広がった信仰です。風水神や軍神、狩猟の神としても知られています。

諏訪大社では、『古事記』の国譲り神話で葦原中国《あしはらのなかつくに》を治める大国主神《おおくにぬしのかみ》の御子神として登場する建御名方神《たけみなかたのかみ》と、妻神である八坂刀売神《やさかとめのかみ》を祀っています。

高天原《たかあまのはら》から派遣された建御雷之男神《たけみかづちのおのかみ》に出雲から諏訪まで追い詰められた建御名方神は、諏訪から出ないことを約束して降伏しました。上社《かみしゃ》と下社《しもしゃ》からなる諏訪大社には本殿はなく、上社は山を、下社は神木《しんぼく》を御神体《ごしんたい》とする神道祭祀の古い形式を伝えています。6年ごとに行われる御柱祭《おんばしらまつり》では、長さ19メートル、太さ1メートルのモミの巨木を人力で山から切り出して境内に立てます。御柱には神の依り代《よりしろ》もありとする説や、聖地の境界標示という説、社殿造営の代用とする説、呪具とみる説などがあります。御柱祭は、諏訪の大社で行われたのち、各地の諏訪神社でも行われます。

『日本書紀』では、神功皇后《じんぐう》を守護して朝鮮半島の新羅《しらぎ》遠征を助けたのは住吉明神ですが、中世の「平家物語」などでは諏訪明神も加わっており、軍神としての性格を示しています。

氏人《うじびと》世襲の神職「大祝《おおほうり》」を務めてきた諏訪氏は諏訪郡の領主で、鎌倉時代には諏訪大社の諸氏《しょし》で形成する武士団・諏訪神党の中心となり、執権・北条氏を御内人として支えました。アニメ化された人気漫画『逃げ上手の若君』は、鎌倉幕府を倒した足利氏への抵抗を続けた北条時行《ほうじょうときゆき》と、時行を支えた諏訪大社の神職らの物語です。

大祝は在職中は諏訪から出られない決まりがあり、『古事記』の記述どおりとする見方がされてきましたが、諏訪には鎌倉期以前にそうした記録がなく、大祝を諏訪明神の依り代として「現人神《あらひとがみ》」と崇《あが》める信仰は神仏習合が進んだ鎌倉期に諏訪独自に生まれたもので、国譲り神話とは無関係という説もあります。

諏訪大社は狩猟の神として知られています（詳しくは第5章を参照）。鎌倉期にたびたび出された鷹狩りの禁制も諏訪大社は免除されたため、禁制を免れるために諏訪大社を領内に勧請した武士も多かったといいます。

諏訪社は長野県や新潟県に特に多く分布しています。狩猟の神として山岳部に広がっているほか、建御名方神の母神が越後国の沼河比売命《ぬなかわひめのみこと》とされていることも影響していると考えられています。

祇園信仰

祇園信仰の中心は、夏の祇園祭で知られる京都の八坂神社です。明治維新までは祇園社《ぎおんしゃ》と呼ばれ、その前身は観慶寺《かんぎょうじ》（祇園寺）といいました。防疫の神として平安時代から朝廷の奉幣《ほうへい》を受けており、平安京の都市民の熱狂を集めた祇園祭は日本の都市民の祭りの原型として位置づけられています。

牛頭《ごず》天王・素戔嗚尊《すさのおのみこと》（須佐之男命）を祭神とする信仰形態です。牛頭天王とはインドの祇園精舎《ぎおんしょうじゃ》の守護神と中国の陰陽道《おんみょうどう》が習合した神であり、日本ではさらに素戔嗚尊と習合し、薬師如来《やくしにょらい》を本地仏《ほんじぶつ》として崇められてきました。9世紀末ごろから広がった、死者の怨霊が疫病や災害を引き起こすという御霊《ごりょう》信仰を母体とし、牛頭天王など行疫神《ぎょうやくじん》（疫病を流行らせる神）を含む御霊《みたま》をなだめることで疫病退散を願うという信仰です。

諸説ありますが、祇園御霊会《ごりょうえ》の始まりは10世紀後半とされています。疫病がまん延しやすい夏の疫病退散の祭りとして、祇園社の例祭に定着しました。平安中期以降、都市として繁栄していった平安京で朝廷にとっても都市民にとっても恐れられたのが疫病でした。朝廷の公的儀式として催された御霊会は、都市民も自由に参加できる当時として異例の形式で行われています。室町期には山車《だし》や山鉾《やまほこ》に象徴される町衆の祭りとなり、現在の祇園祭へと受け継がれています。中世には各地に波及して都市の祭りとなっていきました。『備後国風土記』逸文《いつぶん》に記された人物である蘇民将来《そみんしょうらい》の説話は、祇園社の縁起ともされています。旅の途中の武塔神《むとうしん》が一夜の宿を借りようとしたとき、裕福な巨旦将来《こたんしょうらい》に断られましたが、貧しい兄の蘇民将来には粗末ながらもてなされました。のちに再び蘇民を訪れた武塔神は、蘇民の娘に茅《ちがや》の輪をつけさせ、巨旦将来の一族を滅ぼしました。武塔神は自ら速須佐雄能神《たけはやすさのおのみこと》（素戔嗚尊）と名乗り、茅の輪が厄病を祓《はら》うと教えたという説話です。蘇民将来の護符《ごふ》は現在も素戔嗚尊を祀る神社で授与されています。全国の神社の夏越《なごし》の祓《はらえ》で行われる茅の輪くぐりは、蘇民将来伝説がもとになっています。

祇園社は特に地域に偏《かたよ》りなく各地に広がりましたが、明治の神仏分離によって京都の祇園社が八坂神社と改称したことから、多くがそれにならって改称し、素戔嗚尊を祭神《さいじん》として祀っています。

金毘羅《こんぴら》信仰

航海や漁業の守護神とされる金毘羅神《こんぴらしん》に対する海上安全の信仰で、金刀比羅宮（香川県琴平町）が崇敬《すうけい》の中心となっています。

金刀比羅宮の由緒は諸説あります。大国主神《おおくにぬしのかみ》の和魂《にぎみたま》である大物主神《おおものぬしのかみ》が象頭山《ぞうずさん》に行宮《あんぐう》を営んだ跡を祀った琴平神社が、中世以降に仏教の本地垂迹説《ほんじすいじゃくせつ》の影響を受けて「金毘羅大権現」となったとされます。「ことひら」は雷に対して琴をかき鳴らした音で対抗する呪術「コトヒキ」と同様の信仰からきていると考えられています。

また、7世紀末ころ、修験道《しゅげんどう》の開祖とされる役小角《えんのおづぬ》が象頭山に登った際に、インドの護《ご》法善神《ほうぜんじん》であるクンビーラを感得《かんとく》し、信仰の対象だった象頭山に習合して慶俊僧都《けいしゅんそうず》金毘羅大権現になったとも言われています。クンビーラはインドのガンジス川に棲《す》むワニを神格化したヒンドゥー教の神で、ガンジス川を司《つかさど》る女神ガンガーの乗り物とされることから海上交通の神とされています。

江戸時代までは象頭山松尾寺金光院と称する仏教寺院で、明治維新後に仏教色を排除して金刀比羅宮という名称になり、大物主神を主祭神《しゅさいじん》とする神道施設となりました。

室町時代初期以降、瀬戸内海の海上交通の発達とともに航海・漁業関係者の間に信仰が広がり、江戸時代に入ると廻船《かいせん》の発達で全国に勧請《かんじょう》され、特に港を見下ろせる山の上などに金刀比羅宮や琴平神社の分社が建てられました。また、農村でも蛇神《へびがみ》や、神々が出雲に集まる旧暦10月に神の留守を守る留守神として信仰され、内陸にも分布しています。

江戸時代中期には信仰は全国の庶民に広がり、各地で金毘羅講が組織されて「金毘羅参り」が盛んに行われました。お参りができない人が樽に酒や賽銭《さいせん》を詰めて海に流し、拾った人が代わりに奉納するという「流し樽」の風習は江戸時代から今日でも続いており、流した人も拾った人も心願成就すると伝えられています。

愛宕《あたご》信仰

京都市の愛宕山山頂に鎮座する愛宕神社から発祥した、火防《ひぶせ》の神に対する信仰です。

大宝年間（701〜704年）に、修験道の祖とされる役小角《えんのおづぬ》と白山の開祖として知られる泰澄《たいちょう》が愛宕山に登ったとき、愛宕山太郎坊という天狗《てんぐ》の霊験《れいげん》にあい、神廟《しんびょう》を設けたのが創建とされています。781（天応元）年に光仁《こうにん》天皇の勅《ちょく》により慶俊僧都《けいしゅんそうず》と和気清麻呂《わけのきよまろ》によって白雲寺《はくうんじ》が建立され、愛宕大権現が祀られました。

現在は祭神として本殿に伊弉冉尊《いざなみのみこと》、奥宮（現・若宮）に火之迦遇槌命《かぐつちのみこと》を祀っています。「あたご」の語源として、「背面」「日隠《ひがくし》」の意味を持つ「あて」から来ている説や、母神《ぼじん》の伊弉冉尊を焼死させた迦遇槌神が「仇子《あだご》」であるから、とする説があります。京都の西北に位置し、雷雲が出現する方角であることから、京を護《まも》る「火伏せの神」としての性格が形成されたとされています。

９世紀ごろには比叡山や比良山とともに修験道七高山のひとつに数えられ、「伊勢へ七たび　熊野へ三ど　愛宕さんへは月まいり」と言われるほど修験霊場として栄えました。江戸時代には、火防の神として修験者によって全国に信仰が広められ、白雲寺から勧請された愛宕社が各地に設けられました。

また、仏教の本地垂迹説に基づき本殿に本地仏《ほんじぶつ》（神様の本来の姿）として甲冑に騎馬姿の勝軍地蔵が祀られたことから、中世には勝軍地蔵が垂迹《すいじゃく》（仏の仮の姿）した軍神としても武家の信仰を集めました。ちなみに、戦国武将・明智光秀《あけちみつひで》は「本能寺の変」の直前に愛宕神社で戦勝祈願をし、織田信長は燃え盛る炎の中でこの世を去っています。

明治初年の神仏判然令によって修験道の愛宕権現は廃絶され、白雲寺は廃寺となり、神道の愛宕神社となって現在に至っています。本地仏の勝軍地蔵は金蔵寺《こんぞうじ》（京都市）に移されて祀られています。近畿一体から関東、東北など全国に約９００社ある愛宕神社には、迦遇槌神の別名である火産霊命《ほむすびのみこと》などが祀られています。

中世末期以降、愛宕講が組織されて多くの参詣者が訪れるようになり、「火迺要慎《ひのようじん》」と書かれた神札を受けて家の台所に貼るなどの風習が今も続いています。また、旧暦6月24日（現7月31日）に参詣すれば１０００日分にあたるとされる「千日詣《せんにちもうで》」は多くの参詣者で賑わいます。

浅間《せんげん》信仰

日本の最高峰・富士山に対する信仰で、富士信仰ともいいます。「あさま」が古くからの読み方で、富士山が浅間とされた理由は、「あさ」「あそ」が火山や噴火を意味する説などがありますが、定説はありません。

７世紀から８世紀に編纂された『万葉集』や『常陸国風土記』に不尽《ふじ》、福慈《ふじ》などとあり、富士山が古くから霊峰《れいほう》として崇《あが》められてきたことがわかります。古文書では、富士山の噴火は７８１年以降17回記録されており、特に平安時代に多く、８００年から１０８３年の間に12回の噴火記録があります。

古代の人々は富士山を鎮めるために浅間大神として祀りました。もともとは社殿はなく富士山麓の適所を選んで祭祀を行ったと考えられており、山宮浅間神社《やまみやせんげんじんじゃ》（静岡県富士宮市）の遥拝所《ようはいじょ》は古代の祭祀形態を残しています。

現在の富士山本宮浅間大社《ふじさんほんぐうせんげんたいしゃ》（静岡県富士宮市）は、征夷大将軍《せいいたいしょうぐん》として蝦夷《えぞ》討伐に功績を残した坂上田村麻呂《さかのうえのたむらまろ》が８０６（大同元）年に社殿を造り、山宮から遷座《せんざ》しました。

富士山そのものが神様ですが、木花咲耶姫《このはなさくやびめ》と同一視されています。『古事記』によると、木花咲耶姫は高天原《たかあまのはら》から降臨した瓊瓊杵尊《ににぎのみこと》の子を妊娠しましたが、一夜で身ごもったことに不審を抱いた瓊瓊杵尊に不義を疑われたことから、出入り口のない産屋《うぶや》を建てて中に入り、火を放った中で三柱の神々を無事出産し、天津神である瓊瓊杵尊の子であることを証明しました。

こうした神話から火を制する水徳の神とされ、本宮浅間大社の社伝では、噴火を繰り返す富士山が、木花咲耶姫を祀ることで静まったといいます。また、火中出産の神話から、浅間神社は安産の神ともいわれています。

平安時代末期からは、修験道や山岳宗教と習合して発展していきました。遠くから拝む遥拝から、富士山に登ってお参りする登拝が盛んになるのは室町時代になって以降で、富士登山をすすめる案内絵図の参詣曼荼羅《まんだら》も作られました。

定期的に富士山を拝み、登拝《とはい》をする富士講は特に江戸を中心に関東で流行しました。信仰の指導者である御師が登山口に宿泊施設を設けるなど、彼らの活動によって富士登拝はますます盛んになりました。本宮浅間大社によると浅間神社は全国に約１３００社あり、特に富士山の見える場所に多く鎮座しています。

コラム

遷宮《せんぐう》とは？

伊勢神宮では、20年に一度の式年《しきねん》遷宮が行われてきました。天照大御神を祀る神殿が、社殿地の東西に交互に建て替えられ、旧殿から新殿に神体を移す、伊勢神宮でも最も重要な儀式のひとつとなっています。

天武天皇の時代（673～686年）に定められ、次の持統天皇の時代に1回目（690年）が行われて以降、恒例化しました。中世に一時中断したものの、現代まで続いており、2013年には62回目の遷宮が行われています。20年という期間は、木造建築の耐用年数に関わると同時に人間の1世代に相当するもので、天照大御神が生まれ変わってその力を新たにすることを意味しています。

1万本もの木曽ヒノキを用いて神殿を新たに建て替え、神宝や装束も一斉に新調するため、総事業費は550億円にのぼりました。そのための収益源となっているのは、全国の神社で頒布されている「神宮大《じんぐうたい》麻《ま》（天照大御神の御札）」の初穂料と、企業や個人からの寄付金です。かつては国の予算で行われましたが、戦後は政教分離の原則によって国家予算の支出は認められておらず、神社界や財界、国民によって支えられてきたのです。

出雲大社でも60年に一度の遷宮が行われており、本殿や摂社、末社の檜皮葺《ひわだぶ》きの屋根の修繕などを行う「平成の大遷宮」が2008年からの約10年をかけて完遂《かんすい》されました。総事業費100億円の大事業は、財界や個人からの寄付金を中心に、文化財修繕の助成金を加えて無事に執《と》り行われました。

京都最古の歴史があり、朝廷との関係も深い賀茂別雷《かもわけいかずち》神社（通称・上賀茂《かみがも》神社）でも21年に一度の遷宮が行われてきました。かつては伊勢神宮のように神殿そのものを建て替える遷宮でしたが、現在は本殿などが国宝や重要文化財に指定されており、すべて建て直すことはできず、檜皮葺きの屋根の葺《ふ》き替《か》えや欠損箇所の修復、楼門《ろうもん》等の塗り替えがされました。

➡P.158につづく

重要文化財の修繕には文化庁などから助成金が出ますが、それでも何十億円といった規模の予算がかかります。神社は一般に、祈祷祈願や氏子からの寄付によって運営費を賄《まかな》っていますが、遷宮や修繕の費用を用意するために、各神社とも大変な苦労をしています。

上賀茂神社とともにユネスコの世界文化遺産に登録されている賀茂御祖《かもみおや》神社（通称・下鴨神社）は、平安以前からの生態系を残す「糺《ただす》の森」を含めた境内全域が世界遺産となっています。

下鴨神社でも式年遷宮が行われ、社殿の修繕や檜皮葺き屋根の葺き替えなどに計30億円の事業費がかかっています。国の補助金は8億円で、その他の予算は企業や個人の寄付金に頼るしかないのですが、集まったのは半分程度でした。企業としても、株主への説明が厳しく求められる昨今では、なかなか拠出が難しくなっているのです。そこで、環境を保全するかたちでマンションを建設し、その収益によって賄うという選択をせざるを得なかったということです。

古来から続いてきた祭祀やそのための施設を守り続け、受け継いでいくことの中に神道の本質があるともいわれています。その本質を守っていくための大変な努力がされており、そのために変わらざるを得ないもの、変わってはいけないものがあるということを私たちも考えなければならないのではないでしょうか。

第5章

日本の神様の基礎Ⅳ

教養人として知っておきたい日本の主な神様たち3

商売繁盛・五穀豊穣《ごこくほうじょう》の神様＝宇迦之御魂神《うかのみたまのかみ》

一般に「お稲荷《いなり》さん」の名で親しまれており、全国に約3万社あるともいわれるお宮の総本社は伏見稲荷大社（京都市）です。本来は穀物・農業の神ですが、時代が下るにつれ商工業を含め産業全体の神として崇められるようになりました。

『古事記』によると、須佐之男命《すさのおのみこと》と神大市比売命《かむおおいちひめのみこと》の御子《みこ》として生まれています。神名の「ウカ」とは穀物・食べ物を表す言葉です。様々な食べ物を産んだ保食神《うけもちのかみ》の「ウケ」もやはり食べ物を表しており、稲荷社《いなりしゃ》にともに祀《まつ》られています。

稲荷神《いなりのかみ》はもともと渡来《とらい》系の氏族・秦《はた》氏が農耕神として祀っていた氏神で、秦氏の勢力圏であった伏見の稲荷山に鎮座したとされています。古来、人に福徳をもたらすと考えられてきた神々の総称である「宇賀神《うがじん》」と音が似ていることもあって習合し、秦氏の勢力拡大とともに全国へ広がっていきました。

お稲荷さんといえば狐《きつね》を連想しますが、狐はお稲荷さんのお使いです。穀物を食い荒らすネズミを狐が捕食することや、尾が稲穂に似ていることなどから、「稲がなる」が神名の由来である稲荷神のお使いに位置づけられたとも言われています。

学問の神様＝天神《てんじん》（菅原道真《すがわらのみちざね》）

菅原道真は平安時代初期に活躍した学者で、太宰府天満宮（福岡県太宰府市）をはじめとする全国の天満宮・天神社に祀られている神様です。学問の神として、現代では受験の合格祈願などでも親しまれています。

道真は秀才のほまれ高く、学者の家柄であるにもかかわらず異例の出世を遂げましたが、陰謀によって天皇の廃位を企てていると讒言《ざんげん》され、太宰府へと追放されたまま903（延喜3）年に亡くなりました。死後、京の都で疫病がまん延し、落雷が相次いだため、道真の怨霊を恐れた朝廷は道真の位を元に戻し、遺児らを都に呼び戻すなど怨霊慰撫に努めましたが、謀略の関係者が次々と死亡し、当時の醍醐天皇も崩御《ほうぎょ》しました。

942（天慶5）年、京都の右京に住む貧しい女性に道真の託宣が下り、小さな祠《ほこら》が建てられました。次第に信者が増え、社殿が建てられたのが現在の北野天満宮（京都市）の始まりです。太宰府の道真の墓所にも天満宮が建てられ、雷雨をもたらす天神と同一視されて全国で祀られるようになりました。道真が文人だったことから、次第に怨霊のイメージから学問の神様へと変わっていきました。

商売繁盛の神様＝大国主神《おおくにぬしのかみ》

113ページ参照

須佐之男命《すさのおのみこと》の子孫で、地上世界の国造りをした神様です。国土を開発・経営し、医療や農作物栽培の技術を広め、温泉を発見するなど功績は多く、神徳も多岐にわたります。

天照大御神から派遣された武神に迫られて「国譲り」に応じ、自らは目に見えない世界を司《つかさど》る神となりました。毎年の旧暦10月に、大国主神が鎮座する出雲大社に全国の八百万《やおよろず》の神々が集まって翌年の出来事を決める「神議り《かみはかり》」が行われるとされることから、人と人、ものごとの縁を決める縁結びの神として崇《あが》められるようになりました。

神名が「だいこく」と読めることから、室町時代以降、インド由来の仏教の守護神「大黒天」と習合し、七福神の一柱「大黒様」としても親しまれるようになりました。

大黒天は、インド・ヒンドゥー教のシヴァ神の別名マハー（大）カーラ（黒）が仏教と習合し、日本へ伝わった当初は憤怒の顔をした破壊と豊穣の神として信仰されましたが、やがて豊穣だけが残ってほほえみの表情となり、食べ物と財福を司る神となりました。

出雲神話で兄弟の荷物を持ったことから大きな袋を担ぎ、江戸時代以降になると米俵に乗り、打ち出の小槌《こづち》を手にして商売繁盛の神様としても崇められるようになりました。

商売繁盛、海上安全、漁業の守護の神様＝事代主神《ことしろぬしのかみ》

118ページ参照

出雲神話を代表する神である大国主神《おおくにぬしのかみ》の御子神《こがみ》で、狩衣《かりぎぬ》を着て釣り竿と大きな鯛を抱える七福神の「えびす」としても崇《あが》められる商売繁盛や漁業の神様です。

高天原《たかあまのはら》から派遣された建御雷之男神に国譲りを迫られた大国主神は、出雲の東方にある美保岬で釣りをしていた事代主神《ことしろぬしのかみ》を呼び出して意見を聞きました。事代主神は「この国は天津神《あまつかみ》の御子《みこ》に奉らん」と告げ、乗っていた船を踏み傾けて「天《あめ》の逆手《むかえで》」という呪術の柏手《かしわで》を打ち、青葉の柴垣《しばがき》をつくってその中に隠れてしまいました。

事代主神が釣りをしていたことから漁業の神として信仰が広がりました。七福神のうち唯一の日本由来の神である「えびす」と習合したのは江戸時代とされています。「天の逆手」の神話は柏手を打って約束を交わす手打ちや手締めの起源で、商談がまとまった際や建設現場の竣工式などで行われる一本締めや三本締めもこれにあたります。「えびす」が商売繁盛の神と崇敬されてきた所以《ゆえん》のひとつとなっています。

美保岬の近くにある美保神社（島根県松江市）は事代主神を祀《まつ》る神社の総本宮で、神話にちなんだ「青柴垣神事」が毎年4月に行われています。

酒造の神様＝大物主神《おおものぬしのかみ》、大山咋神《おおやまくいのかみ》、久斯神《くすのかみ》

第10代崇神《すじん》天皇は、大神神社《おおみわ》（奈良県桜井市）の主祭神の大物主神《おおものぬしのかみ》を大変敬い、神に捧げる酒を醸造する役に高橋活日《たかはしのいくひ》を任じると、一夜で美酒ができあがりました。高橋活日は杜氏の祖とされています。これにより大物主神は酒造りの神として敬われるようになりました。大神神社の御神体は杉の木で、大物主神の霊威が宿るとして酒屋の軒先に酒林（杉玉）を吊す風習が広がりました。

松尾大社（京都市）は、渡来系氏族で醸造技術を持っていた秦氏《はた》が氏神としたことから酒造の守護神とされ、室町時代には「酒造第一祖神」として崇《あが》められました。多くの酒造業者が、祭神の大山咋神《おおやまくいのかみ》を「松尾様」として敬っています。

梅宮大社（京都市）の酒解神《さけとけのみこがみ》と酒解子神《さけとけこのがみ》は初めて酒を造って天神地祇《てんじんちぎ》に献じた酒造の祖神で、全国の酒造業者から崇敬されています。また『出雲国風土記』に佐香郷《さかごう》に「多くの神々が集まって酒を醸造させ、180日にわたって酒盛りをした」とあり、佐香神社《さかじんじゃ》（島根県出雲市）には酒の神として久斯神《くすのかみ》が祀られています。

製塩の神様＝塩椎神《しおつちのかみ》

『古事記』では塩椎神《しおつちのかみ》、『日本書紀』では塩土老翁《しおつちのおじ》と記されています。「塩」は「潮」のことで、海流を司る神、海路の神、航海の神ともいわれています。

邇邇芸命《ににぎのみこと》の御子《みこ》である海幸彦《うみさちひこ》・山幸彦《やまさちひこ》の神話で、兄の海幸彦から借りた釣り針をなくして途方に暮れていた山幸彦に、塩椎神が「海の神・綿津見神《わたつみのかみ》の娘が相談に乗るであろう」と言い、目が堅く詰まった竹籠の船を与え、良い潮路に乗せて船を流して神の宮殿へと導く博識の神として登場しています。

塩土老翁神《しおつちのおじのかみ》を祀《まつ》る神社の総本宮《そうほんぐう》である鹽竈《しおがま》神社（宮城県塩竈市）によると、葦原中国《あしはらのなかつくに》を平定する武甕槌神《たけみかづちのかみ》と経津主神《ふつぬしのかみ》の東北地方への進出を案内しています。海路をたどって現在の宮城県七ヶ浜町花渕浜《しちがはままちはなぶちはま》から上陸し、二神が役目を終えて帰ってからも塩土老翁神は塩竈の地に残って人々に製塩法を教えたとされ、塩竈の地名の由来となっています。

鹽竈神社の末社である御釜神社の周辺は古来「甫出の浜《ほでのはま》」と呼ばれ、塩土老翁神から伝えられた製塩が行われたとされています。毎年7月には、海藻から濃度の高い塩水を作って煮詰めるという古代の製塩法を儀式として再現する「藻塩焼神事」が行われています。

運送業の神様＝猿田毘古神《さるたびこのかみ》

127ページ参照

『古事記』では猿田毘古神《さるたびこのかみ》や猨田毘古大神、『日本書紀』では猨田彦大神、猨田彦神と記しています。

『古事記』では天にも地上にも光を照らす神として、『日本書紀』では、背が2メートル近くあり、拳7つ分もある長い鼻、口の端が光り、目は八咫《やた》の鏡《かがみ》のように輝き、赤いホウズキのようだという天狗のような姿で描かれています。

天孫《てんそん》である邇邇芸命《ににぎのみこと》が地上へ降ろうとしたときに、高天原《たかあまのはら》と葦原中国《あしはらのなかつくに》との堺のいくつもの道にわかれている場所「天之八衢《あめのやちまた》」で天孫の一行《いっこう》を出迎え、無事に高千穂峰へと案内しました。

猿田毘古大神を祭神とする猿田彦神社（伊勢市）によると、第11代垂仁《すいじん》天皇の第4皇女の倭姫命《やまとひめのみこと》が三種の神器《じんぎ》である八咫鏡《やたのかがみ》を祀《まつ》る場所を探していたところ、猿田彦大神の子孫にあたる大田命《おおたのみこと》が五十鈴川《いすずがわ》の川上の地を勧《すす》め、伊勢神宮の内宮が造営されました。

天孫一行と八咫鏡《やたのかがみ》を無事に案内したことから、道ひらきの神、導きの神として崇《あが》められ、道案内、交通安全の神として運送業の関係者から信仰されています。

海運業の神様＝宗像三女神《むなかたさんじょしん》

宗像大社（福岡県宗像市）に祀《まつ》られている三柱の女神。田心姫神《たごりひめのかみ》は玄界灘のほぼ中央にある沖ノ島《おきのしま》の沖津宮《おきつぐう》に、湍津姫神《たぎつひめのかみ》は九州本島から約11キロ沖の大島にある中津宮に、市杵《いちき》島姫神《しまひめのかみ》は宗像市田島の辺津宮に鎮座しています。瀬戸内海の厳島神社（広島県廿日市市）など海上交通の要衝にある各地の神社に祀られ、海運業者からの信仰を集めています。

『古事記』では、天照大御神《あまてらすおおみかみ》と須佐之男命《すさのおのみこと》が行った儀式「誓約《うけい》」で、須佐之男命の十拳剣《とつかのつるぎ》を天照大御神が3つに折って神聖な井戸ですすぎ、噛みに噛んで吹き出した霧から生まれました。『日本書紀』では天照大御神が三女神を筑紫州《ちくしのくに》へと降臨させ、「道の中に降り居て天孫を助け奉れば、天孫がお祀りするだろう」と述べています。

玄界灘の海上交通を守る海の神で、遣唐使などの外交使節が航海の安全を祈願しました。対馬を挟んで朝鮮半島に面する宗像《むなかた》は日本最初の国際港で、外交や貿易、国防を担えば天皇が祀るとされました。沖ノ島からは4、5世紀から10世紀までの祭具やペルシャ起源のガラス製品が出土し、約8万点が国宝となっています。

製鉄の神様＝金山毘古神《かなやまびこのかみ》、金山毘売神《かなやまびめのかみ》

『古事記』では金山毘古神、『日本書紀』では金山彦神と記されています。金山毘売神は『日本書紀』には登場しません。

『古事記』によると、火の神である火之迦具土神《ひのかぐつちのかみ》を生んだ伊耶那美命《いざなみのみこと》が陰部を火傷《やけど》して苦しみ、嘔吐した嘔吐物から生じたのが金山毘古神と金山毘売神で、夫婦神とされています。嘔吐物が、溶けた鉱石に見た目が似ているためにできた神話とみられており、鉄鉱や鉱山の神として人々に崇められてきました。金山毘古神を祀る南宮大社（岐阜県垂井町）は全国に約３０００社ある金山神社の総本宮で、中世以降に奉納された名工による刀剣が伝えられ、国指定重要文化財に指定されています。

南宮大社で毎年11月に行われる金山大祭は通称「鞴《ふいご》祭り」と呼ばれ、オレンジ色に焼けた鋼《はがね》を奉行《ぶぎょう》３人が鎚《つち》で叩く鍛錬式が行われます。全国の金属業関係者が商売繁盛や事業の安全を願って参拝しています。鍬《くわ》や鋤《すき》などの金属製品を取り付けた「金物絵馬」が全国から奉納されているほか、機械メーカーによるエンジンや歯車、車のマフラーなども捧げられて、製鉄の神として集める信仰の篤《あつ》さが伝わってきます。

医療の神様＝少名毘古那神《すくなびこなのかみ》

116ページ参照

『古事記』では少名毘古那神、『日本書紀』では少彦名命と記されています。大国主神《おおくにぬしのかみ》とともに国造りをした、非常に小さな姿をした神です。

『日本書紀』には、人や動物の病気の治療法や、鳥獣や昆虫による災いを防ぐためのまじないを定め、「人々は今に至るまでその恩恵を受けている」と書かれています。

『伊予国風土記』では、少名毘古那神が病に臥したため、大穴持命《おおあなもちのみこと》（大国主神の別名）が別府の温泉の湯を伊予（愛媛県）へ引いて湯浴みをさせたところ快癒したとあり、道後温泉（愛媛県松山市）の由来とされています。酒の神ともいわれており、まじないや温泉、酒など医療に関わると考えられていたものの全般の神とされています。

少彦名神社（大阪市）は、16世紀後半の豊臣秀吉の時代から薬種取引の場として関係業者が集まった大阪の道修町《どしょうまち》にあります。「日本医薬総鎮守」「病気平癒・健康成就の社」をうたい、少彦名命と、古代中国で医薬を広めた炎帝神農を祭神として祀《まつ》っています。

また、東京上野の五條天神社は少彦名命と大己貴命《おおなむじのみこと》（大国主神の別名）を祀り、「医薬祖神」として日本橋本町《ほんまち》の薬業界に崇敬されてきました。

看護の神様＝蚶貝比売《きさがいひめ》、蛤貝比売《うむがいひめ》

蚶貝比売《きさがいひめ》、蛤貝比売《うむがいひめ》は『古事記』の出雲神話で登場します。それぞれ蚶《あかがい》（赤貝）と蛤《はまぐり》の神格化と考えられています。

『古事記』では、たいそうな美人であった八上比売《やかみひめ》と結婚することになった大国主神が、嫉妬した兄弟神たちに騙されて真っ赤に焼けた大岩で焼き殺されてしまいます。しかし、蚶貝比売が赤貝の貝殻を粉末にし、蛤貝比売が「待ち承《う》けて、母《おも》の乳汁」を塗ったところ、立派な男子として生き返りました。

貝殻の粉末を解いて火傷の治療をする貝の薬効を利用した民間療法を表しているとの説や、蛤の白い汁を母乳にみたて、生命力の促進や回復の効能があるとされていた母乳の霊妙な力を示しているとの説もあります。

この神話により蚶貝比売、蛤貝比売は看護の神として敬われています。出雲大社（島根県出雲市）では、本殿周囲の特に神聖な神域である「おにわ」にある天前社《あまさきのやしろ》に二柱の女神を祀っています。「平成の大遷宮」で修繕された天前社の屋根の檜皮《ひわだ》は炭にされ、島根大学医学部附属病院の病棟の屋根裏に敷き詰められて患者たちを見守っています。

料理・醤油の神様＝磐鹿六雁命《いわかむつかりのみこと》

『日本書紀』によると、第12代景行《けいこう》天皇が、東征の途中で亡くなった皇子の日本武尊《やまとたけるのみこと》を偲《しの》んで東国を行幸し、現在の浦賀水道の淡水門《あわのみなと》で波間を歩いていて足に触れた大きな蛤《はまぐり》を拾いました。

随行していた磐鹿六雁命《いわかむつかりのみこと》が蛤を膾《なます》に調理して献上したところ、大変喜ばれて膳大伴部《かしわでのおおともべ》の役と膳氏《かしわでうじ》の姓を賜り、天皇の食膳に奉仕する内膳司《うちのかしわでのつかさ》に代々就くよう命じられました。朝臣姓を賜り高橋朝臣に改姓し、内膳司の長官・奉膳《ぶぜん》の職を江戸時代末まで独占しました。

8世紀後半に高橋氏が編纂した『高橋氏文』では、蛤を採ったのは磐鹿六雁命で、さらに弓の弦を使ってカツオを釣り上げ、いずれも膾《なます》に調理して天皇に捧げたと記されています。磐鹿六雁命はやがて日本料理の祖神として崇められ、宮中の厨房に祀られるようになりました。また、大いなる瓶《かめ》＝べに例えられ「高部様」とも呼ばれ、宮中の調味料を保管する醤司《ひしおつかさ》でも醤油醸造・調味料の神として祀られています。

磐鹿六雁命を祭神《さいじん》とする高家《たかべ》神社（千葉県南房総市）では特殊神事「庖丁式」が行われます。烏帽子《えぼし》、直垂《ひたたれ》をまとい、包丁とまな箸《ばし》を用い、一切手を触れることなく鯉《こい》や真鯛《まだい》、マナガツオなどを調理する古式に則《のっと》った儀式で、日本料理の伝統を今に伝えています。

漬物の神様＝鹿屋野比売神《かやのひめのかみ》

『古事記』には鹿屋野比売神、または野椎神《のづちのかみ》とあって野の神、『日本書紀』では「草の祖、草野姫《かやのひめ》」とあり草の神です。鹿屋野比売神を祀る萱津神社（愛知県あま市）は唯一の漬物《つけもの》祖神《そじん》といわれる神社です。人々は神前に初なりのウリやナス、かつては近くにあった海の水から作った塩を供《そな》えていましたが、お供えをそのままにしておくと腐ってしまうことから これらを一緒に瓶に入れて供えていたところ、ほどよい塩漬けになっていたそうです。

日がたっても腐ることなく味も変わらないことを人々は不思議がり、万病を治す神からの賜り物として遠方からもいただきに集まるようになり、各家庭でも蓄えるようになりました。これが日本の漬物の始まりといわれています。

社伝では、日本武尊《やまとたけるのみこと》が東征の途中で立ち寄ったとき、村人が漬物を献上して霊験《れいげん》あらたかなことを語ったところ、感慨深げに「藪に神物《こうのもの》」と述べたといいます。これが漬物を指す「香の物」の語源といわれています。日本武尊が熱田神宮（名古屋市）に鎮《しず》まった後、村人たちは香の物を毎年奉献《ほうけん》するようになり、現在でも折々の祭りの際に特殊神饌《しんせん》として奉納しています。毎年8月の「香乃物祭」は、多くの漬物業者や生産者でにぎわいます。

林業の神様＝五十猛命《いそたけるのみこと》

五十猛命は『日本書紀』で素戔嗚尊《すさのおのみこと》（須佐之男命）の子として登場します。高天原《たかあまのはら》を追放された素戔嗚尊（須佐之男命）は、五十猛命をつれて朝鮮半島の新羅に降りましたが、「ここには住みたくない」と土の舟を造り、親子で東へ渡って出雲に至りました。

高天原から多くの木の種を持ってきていた五十猛命は、朝鮮半島には植えずにすべて日本へ運び、九州から日本中をまわって種を植え、どこへ行っても樹木が青々と茂る国土に変えました。この功績から「有功の神《いさおしのかみ》」といわれています。

五十猛命には大屋津姫命《おおやつひめのみこと》と抓津姫命《つまつひめのみこと》の2人の妹神がおり、ともに種をまいたとされています。三柱の神々は木々を茂らせた功績から紀伊国に鎮座し、素戔嗚尊は熊成峰（出雲国熊野山）から根《ね》の国に入ったと記されています。

紀伊国は古くから木材の豊富な国として知られています。伊太祁曽神社《いたきそじんじゃ》（和歌山市）はこの神話を由緒として五十猛命と二柱の妹神を祭神として祀っており、木材関係者から「木の神」として慕われています。

狩猟の神様＝建御名方神《たけみなかたのかみ》

119ページ参照

『古事記』に大国主神《おおくにぬしのかみ》の子として登場した神で、高天原《たかあまのはら》から派遣された建御雷之男神に力競べを挑んで敗れ、追い立てられた先の諏訪に鎮座したとあります。諏訪大社は最も古い神社のひとつとされ、現在は剥製が用いられていますが、大量の魚肉を供える狩猟文化に彩られた神事が古来行われてきました。

仏教の伝来で動物の不殺生《ふせっしょう》の教えが広まりましたが、諏訪大社では、獣肉を捧げる伝統の神事と仏教の不殺生戒《ふせっしょうかい》という矛盾をも習合させました。それが、「慈悲と殺生は両立する」として鹿を食べることを許す「鹿食免《かじきめん》」という免罪符です。

厳しい冬を生きるために狩猟が必要でありながら殺生の罪悪を恐れる人々に諏訪大社が説いたのは、「業盡有情　雖放不生　故宿人身　同証佛果」という四句の偈文《げもん》（仏教の教理を記した文）です。これを「諏訪の勘文《かんもん》」といいます。

「捕らえられた鳥や獣は業が尽きており、放しても長く生きられない定めにあるので、人間の体に入って死んでこそ人と同化して成仏することができる」と、狩猟と肉食の罪を免除したことから全国の武士や猟師に求められ、狩猟の神として今も信仰を集めています。

建設業の神様＝手置帆負神《たおきほおいのかみ》、彦狭知神《ひこさちのかみ》

手置帆負神と彦狭知神は、天照大御神《あまてらすおおみかみ》が天岩屋《あまのいわや》に隠れたときに、測量機の「天御量《あまのつみはかり》」を作って木を切り出し、「瑞殿《みずのみあらか》」という宮殿を造営した神々です。

神名の「手置」は「手を置いて計量する」との意味で、二神は宮殿や家屋建築の機械器具を作り始めた神とされ、工匠の祖神として建設業者から信仰されています。建築現場で工事と建物の無事を祈願する上棟祭《じょうとうさい》で祀られるのがこの二神です。

古代より祭祀に奉仕した氏族・忌部氏《いんべうじ》は日本各地におり、手置帆負神は讃岐忌部氏の祖神、彦狭知神は紀伊忌部氏の祖神とされていますが、いずれも『古事記』には記載はなく、平安初期の官人である斎部広成《いんべのひろなり》による歴史書『古語拾遺』に登場します。同書の初代神武《じんむ》天皇の東征の場面では、木材を切り出して橿原宮を造営したとあります。

手置帆負神と彦狭知神を祀っている莫越山神社《なこしやまじんじゃ》（千葉県南房総市）は「大日本大工諸職之大祖」をうたい、江戸の大工の信仰を集めました。大工が組織した「祖神講」から奉納された多くの額《がく》や碑《ひ》が残されており、現在でも建設業関係者の参拝が続いています。

神職インタビュー

「国造とは？」

千家和比古《せんげよしひこ》・出雲大社権宮司に聞く

出雲大社（島根県出雲市）では祭祀を司る職である宮司を「国造《こくそう》」とも呼んでいます。古代の出雲氏からの家筋が司祭者として奉仕しており、現在の千家尊祐国造は第84代にあたります。神道とは？　国造とは？　出雲大社の千家和比古権宮司にお聞きしました。

神道はいわゆる多神教ですが、たとえば一神教のキリスト教ははじめに唯一絶対の神存在があり、またはじめに「汝、かくあるべし」という言葉による枠組みが固められています。そして、人は造られたものとして罪を背負い生まれます。原罪です。その原罪から救われて死後に幸せになるために現実社会をどう生きていくかということですが、現実世界は生まれながらの原罪の贖罪のために生きるという信仰構造です。

日本の場合、はじめにモノ（エネルギー、生命力）を胚胎するカオス（混沌）があり、そこから限りなく様々なものが生まれ形となっていくというもので、言葉は次の段階になります。あらゆる存在は個別的には有限ですが、有限なるものを鎖のようにつないでいくことで永遠性を見出していくのです。人は神の生みの子であり、神々の意志を体現する者として現実社会を生きていくという信仰構造です。

神道は、「神の世界」ではなく「神々の世界」です。唯一の絶対的存在はなく、神々が相対しながら補完関係のつながり合いの中で神々のコミュニティを形成しています。それが、日本の神々の世界です。天上・高天原を出自とする神々の天津神と、地域・在地を出自とする神々の国津神が、お互いに譲りあって共存しています。「国譲り」も、地上の世界は天津神の子孫の皇孫が担い、神々の世界は大国主大神が担うという「神譲り」とセッ

トで、一方的ではないお互いの譲り合いなのです。
神道は絶対論や二者択一論ではなく、相対論の「あれもこれも大切」が基本です。大和王権が武力で各地を制圧した歴史事実はあるのですが、その制圧した地域に王権側の神、たとえば天照大御神を祀らせて在来の信仰を塗り替えるのではなく、その土地の神を祀るように指示していることが『日本書紀』に記録されていることからも、この列島の神々信仰の実相を垣間見ることができます。祟りを恐れたというのもあるかもしれませんが、それも神の意志の表れで、それも含めて共存してきたのです。

国造制度がいつからあったのかは論争がありますが、6世紀代には成立していたと思われます。各国の在地の有力勢力が地方統治の長官として中央の大和王権から任命されたのですが、出雲は比較的早かったのではないでしょうか。やがて中国に習った律令制の国家になり、各国には中央から官僚が国司として派遣されるようになって国造制度は終わるのですが、土地の有力者の協力を得なければ統治は円滑にいかないので、国内の各郡にはそれまでの国造が郡司として登用されました。

出雲国造も出雲国の中核をなす意宇郡《おうぐん》の郡司としてその行政をつかさどると共

に出雲国内諸社の祭祀を管轄するようになりました。ここで政治的権力に固執していたら、別の歴史が生まれたかもしれません。やはり出雲大社があるからこそ祭祀に専念でき、律令体制の中でも残ったのでしょう。

記紀神話では天照大御神から派遣された御子神の天穂日命《あめのほひのみこと》の子孫が出雲国造で、特定神社の創建の由来が、詳細かつ明確に書かれているのは出雲大社だけです。神話の中で出雲の存在が大きいのは、古代国家の中で出雲の存在が大きかった裏返しでもあるのでしょう。

天穂日命は国譲りのための使者として高天原から派遣されますが、記紀神話では大国主大神の神柄に傾倒して3年たっても帰りませんでした。しかし、代替わりのときに出雲国造が都の天皇の前で奏上する「出雲国造神賀詞《いずものくにのみやつこかむよごと》」では、天穂日命は国譲りの交渉を成し遂げて復命することが書かれています。その実修が出雲国造神賀詞の奏上儀礼でもあります。

出雲国造は代替わりの際にはその奏上儀礼のため都に行き奏上議を仕えますが、2年続けて同じ儀式を繰り返します。奏上儀礼は出雲国造だけが行う儀礼で、古代の正史には9世紀代までは続いていた記録があります。国造制度がなくなってからも、全国の神仕えに携わる者を代表し、代替わりの御世を寿ぐ儀礼を奉仕していたのです。やはり特別なのです。

国造は神を祀る側ですが、神に最も近い立場として人々から崇められるようになりました。明治に入って神社は国家の管理になり、古代からの制度ではなくなりましたが、出雲では今も国造を自称し、大社の町中が出雲大社、国造家とつながりがあり、地域の人々も国造として変わらず敬ってくださっています。私たちもこうしたことを常に意識しながら奉仕に励んでいます。

第6章

日本の神様の基礎 V

教養人として知っておきたい日本の神話

日本の神話とは

日本の神話といえば、「天岩屋《あまのいわや》」や「八岐の大蛇《やまたのおろち》」「因幡《いなば》の白兎《しろうさぎ》」を思い浮かべる人が多いでしょう。絵本にもなって多くの日本人に親しまれているこれらの神話は『古事記』がもとになっています。

712（和銅5）年に編纂された『古事記』は、天地開闢《かいびゃく》と日本国土の創生、天孫降臨《てんそんこうりん》から初代天皇の神武《じんむ》天皇の即位までの神代と、第33代推古《すいこ》天皇までの歴代天皇の記録を記した、現存する日本最古の書物です。「記」とは日記や物語などを表す語です。上・中・下の3巻のうちの上巻すべてと中巻の前半が神代《じんだい》の神話で、神々の生き生きとした姿を物語と歌謡を織り交ぜながらドラマチックに描いています。

第40代天武《てんむ》天皇の命で、記憶力が非常に良かったという舎人《とねり》（下級官人《かんにん》）の稗田阿礼《ひえだのあれ》が「帝紀（歴代天皇の系譜）」と「旧辞《きゅうじ》（伝承されてきた神話や伝説、物語）」を暗記していたものを、第43代元明《げんめい》天皇が命じて太安万侶《おおのやすまろ》が聞き取って書物に編纂したのが『古事記』とされています。

序文には、各地の氏族に伝わっている「帝紀」や「旧辞」には虚偽が多いため、真実を残すために天武天皇が編纂を命じたとあります。日本語の音に漢字をあてて表記する和化《わか》漢文といわれる文体が用いられており、国内向けの文書とされています。天皇家の由来と正当性を子孫に伝えようと、皇后の娯楽や皇子の教育のために作成されたとみられています。

『古事記』の次に思い浮かぶのは『日本書紀』でしょう。720(養老4)年成立の『日本書紀』は、天地開闢から神武天皇即位までの神代と、第41代持統《じとう》天皇までを記しています。全30巻のうち神代は2巻だけで、歴代天皇の系譜や業績が中心となっています。

当時の国際語である漢文で書かれ、時系列で表記される編年体になっており、中国で「紀」と呼ばれる正式な歴史書の様式に則っています。外国人が読むことを前提とした史書であり、日本初の国家による「正史」です。

こちらも天武天皇の命で、王族や官僚ら多数が編纂に携わっています。「各地の口承に虚偽が多い」ことから編纂された『古事記』が本記だけなのとは対照的に、多数の異説を「一書《あるふみ》」として併記しており、他国の正史と比べても特徴的です。

『古事記』と『日本書紀』は日本神話を伝える代表的な書物であり、合わせて「記紀《きき》」と呼ばれています。

記紀神話の3分の1は出雲神話が占めています。出雲神話は、太陽を象徴する天照大《あまてらすおお》御神を頂点とする「天津神」と、幽冥界を司ることになる大国主神をはじめとする「国津神」の対比になっています。王権のあった大和を挟んで日の昇る方角の伊勢神宮に対し、出雲大社は大陸・半島への境界に位置し、日の沈む方角という対極にあり、この祭祀における東西軸が神話の構想のもとになっています。また当時、朝廷による中央集権化が進められましたが、地方の豪族の力もいまだ強く、尊重せざるを得ないという情勢が背景にありました。

記紀神話は日本独自の神話ですが、中国の思想や哲学の影響も受けています。『日本書紀』神代上の本文冒頭は次のように始まります。

「古、天地未剖、陰陽不分、渾沌如鶏子、溟涬而含牙。及其清陽者薄靡而爲天・重濁者淹滞而爲地、精妙之合搏易、重濁之凝竭難。故、天先成而地後定」

これは、中国の三国時代（2世紀末～3世紀末）に書かれた『三五暦紀』の「天地混沌如鶏子、盤古生其中」という一文や、紀元前2世紀ごろの中国の思想書『淮南子《えなんじ》』の天文訓の冒頭にある「清陽者薄靡而為天、重濁者凝滞而為地。清妙之合専易、重濁之凝竭難。故天先成而地後定」に酷似しています。

「記紀」の国生み神話には、伊耶那岐命《いざなきのみこと》は左から、伊耶那美命《いざなみのみこと》が右から柱を回る儀式がありますが、漢時代の占術《せんじゅつ》の書『春秋緯《しゅんじゅうい》』元命包《げんめいほう》にある「天左旋、地右旋」や『淮南子《えなんじ》』天《てん》文訓《もんくん》の「北斗之神有雌雄……雄左行、雌右行」など、中国の陰陽五行《いんようごぎょう》の思想に通じるものがあります。

『日本書紀』には、朝鮮半島の『百済記』や中国のいわゆる「魏志倭人伝」といった史書からの引用もあり、撰者《せんじゃ》には渡来人も参加したとみられています。このころ国家として使い始めた「日本」の国号と「天皇」の称号を用いており、同時代の東アジアの思想や文化の潮流を意識しながら、天皇の権力の正当性と日本という国の成り立ちを対外的にアピールするものとなっています。

同時期に朝廷によって編纂された『古事記』と『日本書紀』ですが、様々な点で食い違いがあります。

『古事記』の神代に出てくる神様は２６７神ですが、『日本書紀』の神代には本文と異説を合わせても１８２神で、『古事記』と共通する神様は１１２神しか出てきません。登場する神々の名前から大きく異なるのです。

『古事記』の天地開闢は天之御中主神《あめのみなかぬしのかみ》に続いて高御産巣日神《たかみむすびのかみ》、神産巣日神《かみむすびのかみ》で始まりますが、『日本書紀』は国常立尊《くにのとこたちのみこと》から始まり、続く三神はここでは異説としての登場です。

『古事記』では、大国主神《おおくにぬしのかみ》が因幡の白兎を助け、須佐之男命《すさのおのみこと》の試練を乗り越えて妻と力を得て国造りをするという英雄的な活躍を見せ、出雲神話が全体でも大きな割合を占めていますが、『日本書紀』ではこれらのエピソードはなく、あくまで高天原から降りた天孫に国を譲る神としての登場です。

また、『古事記』では、兄を殺した倭建命《やまとたけるのみこと》の性格の荒々しさを父の第12代景行《けいこう》天皇が恐れ、追い払うかのように九州の豪族・熊襲《くまそ》征伐《せいばつ》を命じていますが、『日本書紀』ではそうした記載はなく、雄々《おお》しい英雄として描かれています。出雲国の首長の出雲建《いずもたける》を親友となったふりをしてだまし討ちする話も『古事記』にしかありません。逆に、『日本書紀』には景行天皇が九州各地を巡幸したとありますが、『古事記』にはありません。正式な記録である『日本書紀』には天皇家のよい話を残す傾向があるようです。

『古事記』は神代の神話が中心で、古代日本で重要な出来事であるはずの仏教伝来や、十七条の憲法の制定にも触れていませんが、『日本書紀』では触れられています。『日本書紀』は特に第21代雄略《ゆうりゃく》天皇以降が手厚く、編纂を命じた天武天皇だけでも2巻を要しています。神話よりも、国家としての記録を残すことを重視していることがわかります。

『古事記』『日本書紀』はいずれも原本は残っておらず、『古事記』は現存する最古の写本でも成立から約６６０年も経った南北朝時代の１３７１年や１３７２年のものですが、『日本書紀』は８００年代の平安初期の写本が残っています。正史である『日本書紀』は編纂翌年の７２１（養老５）年には朝廷の官僚向け学習会が開かれており、平安期だけで６回は行われたといいます。皇室の私的な書物であった『古事記』にはそうして用いられた記録はなく、広く学ばれるようになったのは江戸後期になってからでした。写本がされる機会自体が少なかったことがうかがえます。

　この章では、日本の代表的な神話である、『古事記』の「天地開闢」から「天孫降臨」までをご紹介します。現代語訳ですが、なるべく省略や要約をせずにそのまま掲載しました。大まかなストーリーをご存じの方も多いと思いますが、じっくり読むととても味わい深い神々の振る舞いや言葉のやり取りまで改めて触れてみてください。

国生み

　天地の活動が始まった「天地初発《あめつちはじめておこりし》」とき、高天原《たかあまのはら》に天之御中主神《あめのみなかぬしのかみ》、高御産巣日神《たかみむすびのかみ》、神産《かみむ》巣日神《すびのかみ》が現れました。いずれも性別のない神として出現し、姿を隠しました。

　次に、国土がまだ未熟で浮かぶ脂《あぶら》のようでクラゲのように漂っていたとき、葦《あし》の芽のように芽吹くものから生まれたのが宇麻志阿斯訶備比古遅神《うましあしかびひこじのかみ》、次に天之常立神《あめのとこたちのかみ》。いずれも性別のない神として出現し、お隠れになりました。

　以上の五柱の神々は特別な神「別天神《ことあまつかみ》」です。

次の国之常立神《くにのとこたちのかみ》、豊雲野神《とよくもののかみ》の二神も独神《ひとりがみ》として現れ、お隠れになりました。続いて男女一対の神々が5組現れました。対の神々は対で一代と数え、国之常立神からの神々を「神世七代《かみよななよ》」といいます。そのうちの最後に出現した伊耶那岐命《いざなきのみこと》と伊耶那美命《いざなみのみこと》の二柱の神に、神々は天《あめ》の沼矛《ぬぼこ》という矛《ほこ》を授け、国造りを命じました。

二神が天《あめ》の浮橋《うきはし》という大きな橋から下界を眺めると、地上の国は水に浮いた脂のように漂っていました。二柱の神々が矛を海にさしおろし、かき混ぜて矛を引き上げると、矛の先から滴《したた》り落ちる雫《しずく》が積もり積もって淤能碁呂島《おのごろしま》ができあがりました。

島に降り立った二柱の神はそこへ天《あめ》の御柱《みはしら》という大きな柱を立てました。

伊耶那岐命は伊耶那美命に「あなたの体はどのようにできているのか」と問いました。伊耶那美命は「私の体はよくできていますが、できあがっていない部分が一カ所あります」と答えました。すると伊耶那岐命は「私の体はよくできているが、余っている部分が一カ所ある。私の体の余っている部分であなたの体のできあがっていない部分を塞ぐことで国を生み出そうと思うが、いかがですか」と尋ね、伊耶那美命は「はい、よいお考えです」と同意しました。

伊耶那岐命が「ではお互いにこの柱を回って、出会ったところでまぐわおう」と提案し、伊耶那岐命が左から、伊耶那美命は右から回り、出会ったところで伊耶那美命は「まあ、なんとすてきな男性でしょう」と感嘆しました。「まあ、なんと美しい女性でしょう」と応じた伊耶那岐命は「女性から唱えるのはよくなかった」と言いつつもそのまま交わりました。

しかし、2つの島が生まれたものの国土にはなりえませんでした。そこで二柱の神は天の神々に相談し、占いによって「女性から先に言ったからよくない。やり直しなさい」との言葉を受けました。

地上に戻った二柱の神は再び柱を回り、伊耶那岐命から先に言葉を交わしたところ、最初に淡路島が生まれました。次に四国、隠岐、九州、壱岐、佐渡と生み、ついに本州を生みました。この8つの島を大八島国《おおやしまぐに》といいます。そうして数々の島を生んでいきました。

次に、神々を生んでいきました。石の神、風の神、海の神、木の神、山の神、野の神……。しかし、火の神である火之迦具土神《ひのかぐつちのかみ》を生んだとき、伊耶那美命は陰部に大やけどを負って病み臥し、その嘔吐物や糞尿からも神々が生まれましたが、ついに亡くなってしまいました。

黄泉《よみ》の国とみそぎ

愛しい妻を亡くした伊耶那岐命は嘆き悲しみ、妻の枕元や足元に腹ばいになって泣きはらし、その涙は女神になりました。伊耶那美命の亡骸《なきがら》を出雲国と伯耆国《ほうきのくに》との堺の比婆之山《ひばのやま》に葬《ほうむ》り、身に帯びていた十拳剣《とつかのつるぎ》を抜いて、火の神である火之迦具土神《かぐつちのかみ》を斬りました。すると、剣についた血や火の迦具土神の胸、腹、両手両足などから神々が生まれました。

そして、妻に会いたい思いが募《つの》った伊耶那岐命は、黄泉の国へと追っていき、御殿《ごてん》にいる伊耶那美命に呼びかけました。

「私の愛しい妻よ。あなたと造っていた国はまだできあがっていない。どうか帰ってきておくれ」

「残念です。あなたが早く来てくれなかったので、私は黄泉の国のものを食べてしまいました。それでも愛しいあなたが来てくださったので、帰ろうと思います。黄泉の国の神に相談するので、私を決して見ないでください」

伊耶那美命はこう答えて御殿の奥へと入っていきました。伊耶那岐命は長らく待っていましたが、待ちきれず、左側の髪にさしていた櫛を抜いて火をともし、中へ入りました。

そこで見たのは、体中にウジが群がって異様な音を立て、頭や胸、腹、両手両足に雷神が取りついている伊耶那美命の姿でした。

伊耶那岐命は恐れおののいて逃げ帰ろうとします。

伊耶那美命は「よくも私に恥をかかせましたね」と黄泉の国の醜女《しこめ》に後を追わせます。

伊耶那岐命が黒いつるでできた髪飾りを投げつけると、地面に落ちて山ブドウの木が生えました。醜女たちが実をむさぼっている間に伊耶那岐命は逃げます。しかしさらに追ってくるので、今度は右側の髪にさしていた竹の櫛を折って投げると、たけのこが生えてきました。醜女たちが食べている間に伊耶那岐命は再び逃げます。伊耶那美命は自分の体にとりついていた八雷神に1500の軍勢をつけて追いかけさせました。伊耶那岐命は十拳剣を抜いて体の後ろへ振りながら逃げ続けます。

高天原《たかあまのはら》と黄泉の国との間にある地上世界「葦原中国《あしはらのなかつくに》」への境界である黄泉比良坂《よもつひらさか》のふもとに来たとき、そこに生えていた桃の木から実を3つ取って投げつけたところ、ようやく雷神たちは黄泉の国へと帰っていきました。桃には魔除けや雷除けの力があるとも言われています。

ついに伊耶那美命が自ら追いついてきました。伊耶那岐命は1000人で引くほどの大岩で黄泉比良坂を塞ぎ岩を挟んで向かい合いました。伊耶那美命は言いました。

「愛しい我が夫。あなたがこのようなことをするなら、私はあなたの国の人を１日１０００人殺しましょう」

「愛しい我が妻よ、ならば私は１日に１５００人の産屋《うぶや》を建てよう」

伊耶那岐命は応えました。

このため１日に必ず１０００人死に、１日に必ず１５００人生まれるのです。

こうして伊耶那美命は黄泉津大神《よもつおおかみ》という名になりました。この黄泉比良坂は、今は出雲国の「伊賦夜坂《いふやさか》」であると言われています。

黄泉国から戻った伊耶那岐命は「なんと穢《けが》らわしい国に行ってきたのだろう。身体の禊《みそぎ》をしよう」と、筑紫日向《つくしのひむか》の橘《たちばな》の小門《おど》の阿波岐原《あわぎはら》へ行って体を清めることにしました。

投げ捨てた杖や帯、衣服、ふんどしや冠などが神々になりました。口をすすぎ、身体を洗い、水底に潜り清めるたびに神々が生まれていきました。体についた穢れからも神が生まれ、その災いを直す神も生まれました。

左の目を洗うときに生まれた神の名は天照大御神《あまてらすおおみかみ》、次に右目を洗うときに生まれた神の名は月読命《つくよみのみこと》、次に鼻を洗うときに生まれた神の名は須佐之男命《すさのおのみこと》です。伊耶那岐命は大いに喜び、「私は多くの神を生み続けて、ついに三柱の貴き子を得た」と言い、天照大御神に高天原の統治を、月読命に夜の食国《おすくに》の統治を、須佐之男命に海原《うなばら》の食国《おすくに》の統治を任せました。

天岩屋《あまのいわや》

海原《うなばら》の統治を任された須佐之男命《すさのおのみこと》ですが、髭《ひげ》が長くのびるまで大人になっても泣いてばかりでした。青山が枯れるが如く、川や海が乾くが如く泣いたため、悪い神の声が世に満ち溢れ、あらゆる災いが起こりました。

伊耶那岐命《いざなきのみこと》は「何の理由があってお前は任せた国を治めずに泣きわめいているのだ」と問いただしました。すると須佐之男命は「僕は亡き母のいる根《ね》の堅洲国《ねのかたすくに》に行きたいのです」と申し上げました。伊耶那岐命は大いに怒り、「ならばお前はこの国に住むべきではない」と追い払ってしまいました。

須佐之男命は「それならば天照大御神《あまてらすおおみかみ》にお願いをして根の堅洲国へ去ろう」と天に参上したところ、山や川はみな鳴動《めいどう》し、国土はすべて震えました。

天照大御神はこれを聞いて驚き、「弟が上がってくる理由は、きっと善い心ではあるまい。我が国を奪おうとのみ思ってのことであろう」と髪を解いて男性の髪型である「みずら」に自ら結い直し、左右の手にそれぞれ八尺の勾玉《まがたま》の玉飾りを巻きつけ、背には1000本の、脇腹には500本の矢入れをつけ、弓を振り立てて地面を蹴散らかして稜威《りょうい》ある男のように雄叫《おたけ》びを上げました。

「何のためにに上がってきたのか」

須佐之男命は「私には邪心はありません。伊耶那岐命に、お前はこの国にいてはならないと追い払われたので、母の国へ行くことをお許し願おうと参上しただけです。他意はありません」と申しました。

天照大御神は「ならば汝の心の清明は何をもって知ろうか」といい、須佐之男命は「お互いの〝うけい〟をして子を生みましょう」と答えました。〝うけい〟とは言語を使った呪術の一種です。

それぞれ天安河を挟んで〝うけい〟をし、まず天照大御神が須佐之男命の腰の十拳剣を受け取って3つに打ち折り、高天原の神聖な水「真名井《まない》」でふりすすいで噛みに噛み、吹き出した霧が三柱の女神になりました。須佐之男命は、天照大御神の左右の「みずら」の髪飾りを真名井ですすいで噛みに噛み、吹き出した霧が五柱の男の神になりました。

天照大御神は「五柱の男子は私の持ち物から生まれたのだから、当然、私の子である。三柱の女子はお前の持ち物から生まれたのだからお前の子である」と決められました。

そこで須佐之男命は天照大御神に「私の心が清らかだから、私が生んだ子はたおやかな女であった。この結果から、私の勝ちだ」と言い、勝者のふるまいとして天照大御神のつくった田を壊し、食事をする御殿に糞をして撒き散らしました。

天照大御神はとがめもせずに直しましたが、須佐之男命の悪い行いはますますひどくなりました。天照大御神が、神様が着る神御衣《かむみそ》を織る神聖な建物にいたときに、須佐之男命はその天井に穴を開け、皮を異様に剥いだ馬を落とし入れたところ、機織《はたお》りの女性が驚き、道具が刺さって死んでしまいました。

天照大御神はそれを見て恐れ、天の石屋の戸を開き、中に籠もってしまいました。そうして高天原はすっかり暗くなり、地上も全く暗くなり、夜がずっと続きました。すると、大勢の神々の騒ぐ声でいっぱいになり、あらゆる災いがすべて起こりました。

この事態に、八百万《やおよろず》の神は天安河原に集まりました。「造化三神《ぞうかさんしん》」の高御産巣日神《たかみむすびのかみ》の御《み》子《こ》である思金神《おもいかねのかみ》に考えさせ、長鳴鳥《とこよのながなきどり》を集めて鳴かせました。

天香山《あめのかぐやま》に茂った榊《さかき》を根こそぎ取ってきて、上方の枝に玉祖命《たまのおやのみこと》が作った「八尺瓊勾玉《やさかにのまがたま》」を数多く通した玉飾りをつけ、中ほどの枝には天安河の堅い石と天の金山の鉄で伊斯許理度売命《いしこりどめのみこと》が作った「八咫《やた》の鏡」をつけ、下方には白と青の幣を下げて、この榊を尊い御幣《ごへい》として布刀玉命《ふとだまのみこと》が捧げました。天児屋命《あめのこやねのみこと》が尊い祝詞《のりと》を申し上げ、天手力男神《あめのたぢからおのかみ》は戸の脇に隠れ立ちました。この「八尺瓊勾玉」と「八咫の鏡」はのちに、代々の天皇が継承する「三種の神器《じんぎ》」となって受け継がれていきます。

天宇受売命《あめのうずめのみこと》は天香山《あめのかぐやま》の日陰蔓《ひかげのかずら》を襷《たすき》にかけ、真析蔓《まさきのかずら》を髪飾りにして、笹の葉を束ねて手に持ち、桶を伏せて踏み鳴らしました。神がかった天宇受売命が胸乳《むなぢ》を露にし、衣服を股の下まで垂らしたのを見て、高天原が鳴り響くほどに神々がどっと笑いました。

不思議に思った天照大御神は天の岩屋の戸を細目に開けて、「私がここに籠もっているので天の原も地上もすべて暗いだろうと思うのに、どうして天宇受売命は舞い歌い、八百万《やおよろず》の神《かみ》はみな笑っているのか」と仰せになりました。

そこで天宇受売命が「あなた様よりも尊い神がいらっしゃいますので、喜び笑って舞い歌っているのです」と申し上げている間に、神々が鏡を差し出し、天照大御神がますます不思議に思って鏡に映ったお姿を覗き見たその時、戸の脇に隠れ立っていた天手力男神がそのお手を取って天照大御神を天岩屋から外へ引き出しました。

こうして高天原も地上も自然と日が照り明るくなりました。

八俣《やまた》の大蛇《おろち》

八百万《やおよろず》の神は相談して須佐之男命《すさのおのみこと》の髭と手足の爪を切り、罪を償わせ祓《はら》って追放しました。

須佐之男命に食べ物を求められた大気津比売神《おおげつひめのかみ》は、鼻や口、尻から様々な美味しい物を取り出して料理をしようとしましたが、それを見た須佐之男命は汚いものを出そうとしていると思い、大気津比売神《おおげつひめのかみ》を殺してしまいました。

すると、殺された大気津比売神の頭から蚕《かいこ》が、目からは稲が、耳からは粟が生まれ、鼻には小豆《あずき》、陰部には麦、尻には大豆が生まれました。そこで神産巣日神《かみむすびのかみ》はこれらから種を取らせました。これが五穀の起源とされています。

追いやられた須佐之男命は出雲国の斐伊川《ひいかわ》の上流の鳥髪《とりかみ》という地に降り立つと、このとき、川上から箸《はし》が流れてきました。須佐之男命が上流に人がいると思って訪ねたところ、老夫婦が娘を挟んで泣いていました。須佐之男命が「お前たちは誰か」と尋ねると、老父は「私は国津神である大山津見神《おおやまつみのかみ》の子である。名は足名椎《あしなずち》といい、妻は手名椎《てなずち》、娘の名は櫛名田比売《くしなだひめ》と言います」と答えました。大山津見神は、伊耶那岐命《いざなきのみこと》と伊耶那美命《いざなみのみこと》が木の神や風の神とともに産んだ山の神です。

須佐之男命は「お前はなぜ泣いているのか」と尋ねました。足名椎は「私の娘はもともと8人いましたが、高志《こし》（北陸との説や出雲国神門郡の古志郷との見方もある）から八俣の大蛇が毎年やってきて食べてしまいました。今、大蛇が来る時期になったので泣いているのです」と答えました。

須佐之男命が「それはどのような形か」と尋ねると、「目はホウズキのように赤く、身体は1つで8つの頭と8つの尾、その身には日陰蔓と檜と杉が生え、その長さは谷8つ、峡谷8つにわたり、その腹からは常に血がただれています」と申し上げました。

須佐之男命は老父に「このお前の娘を私にくれまいか」と言いました。老父が「恐れ多いことですが、まだお名前を存じ上げておりません」と申し上げると、須佐之男命は「私は天照大御神の弟である。今、天から降りてきてここにいるのだ」と明かしました。老夫婦は「それは恐れ多いことです。娘を差し上げましょう」と申し上げました。

そこで須佐之男命はその娘を神聖な櫛に変え、髪を結ったところに刺して、足名椎、手名椎の神に「お前たち、何度も繰り返し醸した強い酒を造りなさい。また、垣を造りめぐらし、その垣に8つの入り口を作り、その入り口ごとに8つの仮設の棚を設けて、棚ごとに船型の大きな器を置いてそれぞれに強い酒を注いで待て」と言いました。

言われたとおり準備して待っていたところへ八俣の大蛇がやって来て、8つの器ごとに頭を入れて酒を飲み、酔っ払ってその場に伏して寝てしまいました。そこで、須佐之男命は身に帯びていた十拳剣を抜いて大蛇を切り刻んだところ、斐伊川が血で染まりました。

そして、須佐之男命が尾を切ったときに剣の刀身が欠け、不思議に思って尾を割いてみると大刀がありました。正体のわからないものだと思い、天照大御神に差し上げました。

これが草薙の剣で、のちに「三種の神器《じんぎ》」のひとつである天叢雲剣《あめのむらくものつるぎ》となります。

八俣の大蛇を退治した須佐之男命は、櫛名田比売と住む宮を建てるべき土地を求めて出雲国を巡りました。そして須賀の地に着いたとき「この地に来て、私の心はすがすがしい」と言い、宮を建てました。そのとき、その地から雲が立ち上がったのを見て、須佐之男命は歌を詠みました。

「八雲立つ　出雲八重垣　つまごみに　八重垣つくる　その八重垣を」

「いくつもの雲が垣のように出雲を守っている。私もいくつもの垣を作って妻を守ろう。出雲を守る雲のように」というもので、日本で最初に詠まれた歌であるとも言われています。現在の須賀の地には須我神社があり、「和歌発祥の社」の石碑が立っています。

須佐之男命は足名椎を呼び寄せて宮の管理者に任じました。

須佐之男命は櫛名田比売と結婚し、多くの子孫に恵まれました。

因幡《いなば》の白兎《しろうさぎ》

大国主神《おおくにぬしのかみ》には大勢の兄弟の神「八十神《やそがみ》」がいました。

大国主神は若いころ大穴牟遅神《おおなむちのかみ》と名乗っていました。八十神たちはそれぞれが因幡《いなば》の八上比売《やかみひめ》と結婚したいと思い、一番若い大穴牟遅神に袋を背負わせて従者として連れていきました。

そうして気多《けた》の岬に着いたとき、毛皮を剥かれて丸裸になった兎が臥《ふ》せっていました。八十神たちはその兎に「お前は海水を浴び、風に当たって高い山の頂に臥せっていろ」と言いました。兎は神々の教えに従って山の頂上に臥せっていましたが、海水が乾くに従って身体の皮膚が風に吹かれてみな裂けてしまいました。

痛くて苦しみ泣き伏していたところへ最後にやってきた大穴牟遅神が「どうしてお前は泣き伏しているのか」と尋ねました。兎はこう説明しました。

「私は淤岐《おき》の島からこちらに渡ろうと思いましたが、渡る方法がなかったので海にいる和《わ》迩《に》（サメまたはワニ）を騙して、『私とお前の一族の多い少ないを数えよう。お前は自分の一族をすべて連れてきて、この島から気多《けた》の岬まで皆で並んでくれ。私がその上を踏んで、走りながら数えて渡ろう。そうして私の一族とどちらが多いか比べよう』と言いました。和迩たちが騙されて並び、私がその上を踏んで数えながら渡って岸に降りようとしたときに、『お前たちは私に騙されたのだよ』と言うと、言い終わるまもなく、一番端に並んでいた和迩が私を捕まえて毛皮をすべて剥いでしまいました。それで泣いて悲しんでいたところに大勢の神々が『海水を浴びて風に当たって臥せっていろ』と教えて下さいました。それでそのとおりにしたところ、私の身体はすっかり傷ついてしまいました」。

そこで大穴牟遅神は「今、急いでこの河口に行って真水で体を洗ってから、すぐにその河口に生えている蒲《がま》の穂を取って敷き詰め、その上に横たわって転がればお前の体はきっともともとの肌のように治るだろう」と教えました。そのとおりにしたところ、兎の体は元通りになりました。

これが因幡の白兎《しろうさぎ》で、のちに兎神《うさぎがみ》と呼ばれるようになりました。兎は大穴牟遅神に「あの大勢の神々は八上比売を手に入れることはできないでしょう。たとえ大きな袋を背負っていても、あなた様が手に入れるでしょう」と言いました。そして八上比売は八十神に対し「私はあなた方の言うことは聞きません。大穴牟遅神と結婚します」と言いました。

怒った八十神たちは大穴牟遅神を殺そうと互いに相談し、伯耆国《ほうきのくに》と出雲国の堺の山についたところで大穴牟遅神に「この山に赤イノシシがいる。我々が坂の下へ追っていくから、お前が待ち受けて捕まえろ。もしそうしなければ必ずお前を殺す」と言って、イノシシに似た大きな石を火で焼いて転がり落とし、言われたとおり受け取った大穴牟遅神はたちまち石に焼き付けられて死んでしまいました。

大穴牟遅神の母神《ぼしん》は泣き悲しみ、天に参上して神産巣日神《かみむすびのかみ》にお願いし、蚶貝比売《きさがいひめ》と蛤貝比売《うむがいひめ》がすぐに遣わされました。蚶貝比売が石に張り付いた大穴牟遅神の身体を集め、蛤貝比売が受け取って母神の乳を塗ったところ、大穴牟遅神は生き返って立派な男の姿となりました。これを見ていた八十神は、また大穴牟遅神を騙して山に連れて入り、大きな木を切り倒して割った間に挟ませて殺しました。

また母神が泣きながら大穴牟遅神を探し求め、見つけるとすぐに生き返らせて、「お前はここにいてはしまいには八十神たちに殺されてしまうでしょう」と言って、木の国の大屋昆古神《おおやびこのかみ》のところへ逃しました。

すると、また八十神たちも大穴牟遅神を探し求めて追いつき、弓に矢をつがえて引き渡すように求め、大屋毗古神は「須佐之男命のいらっしゃる根《ね》の堅洲国《かたすくに》に向かいなさい。きっと大神がとりはからってくれるでしょう」と言って、大穴牟遅神を木の俣からくぐり抜けさせて逃しました。

須佐之男命《すさのおのみこと》の試練

言われたとおり大穴牟遅神《おおなむちのかみ》が根《ね》の堅洲国《かたすくに》の須佐之男命《すさのおのみこと》のところへたどり着くと、須佐之男命の娘の須勢理毘売命《すせりひめのみこと》が出てきて互いに見つめ合い、惹かれ合って心を通わせました。

須勢理毘売命は須佐之男命のもとへ戻り、「美しい神が来ました」と言いました。

須佐之男命は大穴牟遅神を見て「これは葦原色許男命《あしはらのしこおのみこと》というものだ」と言い、大穴牟遅神を呼び入れて蛇の室《むろ》に寝させせました。

室は蛇でいっぱいでいまにも噛まれてしまいそうでした。そこで須勢理毘売命が蛇を追い払うための比礼《ひれ》（古代の女性が首から肩にかけていた布）を大穴牟遅神に渡し、「蛇があなたを襲おうとしたら、この比礼を3回振り上げ打ち払ってください」と言いました。そのとおりにすると蛇は静かになり、大穴牟遅神は無事に寝て室から出ることができました。

翌日の夜は、ムカデとハチの室に入れられました。再び須勢理毘売命がムカデとハチを追い払うための比礼を渡し、前日と同じように教えました。大穴牟遅神はやはり無事に出てくることができました。

次は、須佐之男命は鳴鏑（音のなる矢）を広い野原に飛ばし、大穴牟遅神に取ってこさせることにしました。須佐之男命は大穴牟遅神が野原に入るとすぐに火を放ち、一面が炎にまかれました。逃げ場所がわからないでいたところへネズミが現れ、「内はほらほら、外はすぶすぶ」と言ったので、大穴牟遅神がその場所を踏んでみると大きな穴が空き、そこに落ちて隠れている間に火は焼け終え、やり過ごすことができました。

そのころ、大穴牟遅神が死んでしまったと思った須勢理毘売命が葬儀の道具を手にして泣きながらやってきたので、須佐之男命も大穴牟遅神が死んでしまったと考えて野原に出てきました。すると大穴牟遅神が現れて拾えと言われた矢を献上しました。

須佐之男命は大穴牟遅神を家に連れてきて大きな室に招き入れ、自分の頭のシラミを取るよう命じました。大穴牟遅神が頭を見るとムカデがたくさんいたので、須勢理毘売命が持ってきたムクの木の実と赤土を口に含んで吐き出すと、それをみた須佐之男命はムカデを食いちぎって吐き出したのだと思い、「可愛げのある奴だ」と安心して寝ました。

そこで大穴牟遅神は須佐之男命の髪の毛を室の屋根を支える垂木《たるき》に結びつけ、500人で引くほどの大きな石で室の戸を塞ぎ、須勢理毘売命を背負って逃げ出しました。その際に、須佐之男命の武力を象徴し生命力にあふれる生大刀《いくたち》と生弓矢《いくゆみや》、宗教的支配力の象徴である天《あま》の詔琴《のりごと》を持ち出しました。

逃げている途中、天の詔琴が樹に触れて大きな振動を起こし、大地が鳴動しました。目を覚まして起き上がった須佐之男命は室を引き倒してしまいましたが、垂木に結び付けられた髪を解いている間に大穴牟遅神と須勢理毘売命は遠くまで逃げることができました。

根《ね》の堅洲国《かたすくに》から地上への入り口である黄泉比良坂まで追ってきた須佐之男命は、はるか遠くを逃げる大穴牟遅神を見て、大声で呼びかけました。

「そのお前が持っている生大刀と生弓矢でお前の異母兄弟（八十神）たちを追い払え。お前は大国主神（国土を代表して領有する神）となり、宇都志国主神《うつしくにたまのかみ》（地上世界を代表する神）となって、我が娘を正式な后とし、出雲の山の麓に、根の堅洲国にある岩盤の上に太い柱を立て、高天原《たかあまのはら》に届くほどの高い千木《ちぎ》のそびえる宮殿を建てて住め。こいつめ」と言いました。大穴牟遅神はその大刀と弓を用いて八十神を追い払い、国造りを始めました。

因幡の八上比売は約束どおり大穴牟遅神と結婚しましたが、正妻の須勢理毘売命を恐れ、自分が産んだ子を木の俣《また》に挟んで帰ってしまいました。その子は木俣神《きまたのかみ》といわれています。

女神《めがみ》を口説く大国主神《おおくにぬしのかみ》と嫉妬する妻

大国主神は高志《こし》の国の沼河比売《ぬなかわひめ》と結婚しようとして出かけていきました。高志の国は「越国」で、越前、越中、越後に分割される前の国名です。

大国主神は沼河比売の家の前で次のように歌いました。

「八千矛《やちほこ》の神（大国主神）は八島国《やしまぐに》（日本）で妻とするにふさわしい女神を娶《めと》ることができず、遠い遠い高志の国に聡明で美しく、繊細で麗《うるわ》しい女神がいると聞いて求婚に通い続けられ、腰に帯びた大刀の緒もほどかず、上着も脱がないうちから女神の寝ている家の戸を押したり引いたりしていると、青々とした山でヌエが鳴き、山の麓《ふもと》の野原ではキジの声が響き、家の庭の鶏も鳴き始め夜明けを告げている。いまいましい鳥どもを打ち叩いて鳴くのをやめさせてくれ、天翔る使いの鳥よ」

すると沼河比売は戸を開けずに家の中から歌いました。

「八千矛の神よ、私はかよわい女の身で、私の心は海辺の州にいる鳥のように夫を慕《した》い求めています。今は自分の意のままに振る舞う鳥ですが、やがてあなたの鳥になるのですから、殺してしまわないでください。青山に日が隠れたら、あなたを迎えましょう。朝日のような笑みをたたえておいでください。白い腕を、沫雪《あわゆき》のように若々しく柔らかな胸をそっと触れて愛おしがり、玉のような手を枕にして、足をゆっくりと伸ばしてともに寝られるでしょうから、むやみに焦《あせ》って恋しいとおっしゃらないで、八千矛の神よ」

こうしてその夜は会わず、翌日の夜に結ばれました。

正妻である須勢理毘売命《すせりびめのみこと》は、大国主神が他の女神に求婚することに非常に嫉妬しました。困った大国主神は、大和国の女神に求婚するために上京しようと身支度を整え、出発しようとしたときに、片方の手を馬の鞍にかけ、片方の足を鐙に入れた状態で次のように歌いました。

「黒い衣装を着て、羽ばたくように袖を上下してみても似合わない。波が引くように後ろに脱ぎ捨て、カワセミのように青い衣装を着て、羽ばたくように袖を上下してみても似合わない。波が引くように後ろに脱ぎ捨て、藍色の衣装を着て、羽ばたくように袖を上下してみると、これはよく似合う。いとしい妻よ。群鳥が飛び立つように、私が大勢の供をつれて行ったら、あなたは泣かないと強がって言っても、山裾の一本のすすきのようにうなだれて泣くことだろう。朝の雨が霧となって立ち込めるように、あなたの嘆きの霧が立ち込めるだろう。いとしい妻よ」

そこで須勢理毘売命は大御盃《おおみさかずき》を取って夫のそばに立ち寄り、杯を捧げて歌いました。

「八千矛の神の命、わが大国主神よ。あなたは男性でいらっしゃるから、島の崎々《さきざき》に、磯《いそ》の崎ごとに、どこにも妻をお持ちになっているでしょう。それにひきかえ私は女性の身ですから、あなた以外に男はありません。あなたのほかにいないのです。綾織《あやおり》の帳《とばり》が垂れている下《もと》で、苧《からむし》の布団のやわらかな下で、白い布団のざわざわする下で、淡雪のように白い若やかな胸を、白い腕を愛撫し絡《から》ませあって、私の美しい手を枕にして、足を長々と伸ばしておやすみください」

こう歌って杯を交わして夫婦の契《ちぎ》りを固め、互いに首に手をかけて、今に至るまで仲睦まじく鎮座しています。この5首を神語《かんがたり》といいます。

少名毘古那神《すくなびこなのかみ》との国造り

大国主神が出雲の御大《みほ》の御前《みさき》に来たときに、波頭から天のガガイモの船に乗って、鵝の皮をすっかり剝いだものを衣服として着てやって来る神がありました。

大国主神が名前を尋ねましたが答えません。大国主神は自分に従っている神々に尋ねましたが、皆「知らない」と言いました。

するとヒキガエルが「これは久延毘古《くえびこ》が知っているでしょう」と申し上げました。そこでカカシの神である久延毘古を呼んで尋ねると、「これは神産巣日神《かみむすびのかみ》の御子の少名毘古那神《すくなびこなのかみ》です」と申し上げました。

そこで大国主神が天にいる神産巣日神にうかがったところ、「これは本当に私の子だ。私の手の指の間からこぼれ落ちた子だよ。そなた、葦原色許男命《あしはらのしこおのみこと》と少名毘古那神は兄弟となって、その国を造り固めることであろう」とおっしゃいました。

それから、大国主神と少名毘古那神は協力してこの国を造り固めました。

その後、少名毘古那神は海の向こうの異郷・常世国へ渡っていってしまいました。

大国主神は嘆き愁いて「私は独りでどうしてこの国を造ることができようか。どの神が私と一緒にこの国を造ることができよう」と言いました。

するとこのとき、海を照らしてやってくる神がありました。

その神は「私を祀ることができるなら、私は協力して一緒に国造りを完成させることができるだろう。もしそうしなければ、国造りを完成させるのは困難であろう」と言いました。

大国主神は「ではどのように祀り奉ればよいのでしょうか」と尋ねました。

その神は「私を倭の青垣の東の山の上に祀り仕えなさい」と言いました。

この神は御室山《みむろのやま》の上に鎮座しています。大国主神の御霊《みたま》である幸魂《さすみたま》・奇魂《くしみたま》が現れた神で、三輪山に祀られている大物主神《おおものぬしのかみ》とされています。

葦原中国《あしはらのなかつくに》の平定と国譲り

天照大御神が「豊葦原の千秋長五百秋の瑞穂の国は、我が御子《みこ》の天忍穂耳命《あまのおしほみみのみこと》が統治すべき国である」と統治を委任して御子《みこ》を高天原《たかあまのはら》から降しました。天忍穂耳命が途中の天の浮橋から「その国はひどく騒がしい様子だ」と言い、高天原に登って天照大御神《あまてらすおおみかみ》の指示を仰ぎました。

高御産巣日神《たかみむすひのかみ》と天照大御神の命で神々を招集し、思金神《おもいかねのかみ》に「葦原中国の統治を我が子に委任したが、この国には暴威を振るう乱暴な国津神どもが大勢いると思われる。どの神を遣わして平定したらよいか」と言いました。

神々が相談して天菩比神《あめのほひのかみ》を遣わしましたが、大国主神《おおくにぬしのかみ》に媚びへつらい、3年たっても帰りませんでした。

次に天若日子《あめのわかひこ》を遣わしましたが、大国主神《おおくにぬしのかみ》の娘の下照姫命《したてるひめのみこと》を娶《めと》り、葦原中国を我が物にしようと企《たくら》んで8年たっても帰りませんでした。

そこで「鳴女《なきめ》」という名のキジを遣いに降らせ、「荒れ狂う神々を帰順させせよと命じたのに、なぜ帰らないのか」と高天原の神々の言葉を伝えると、天若日子はキジを弓矢で射殺しました。するとその矢が高木神《たかぎのかみ》（高御産巣日神《たかみむすびのかみ》）と天照大御神のもとにまで届き、高御産巣日神《たかみむすびのかみ》が「この矢は天若日子に与えたものである。もしも邪心があるなら天若日子は死ぬ」と言って矢を突き返すと、胸に命中して天若日子は死んでしまいました。

そこで天照大御神が「こんどはどの神を遣わしたらよいか」と言い、神々は建御雷之男《たけみかづちのおの》神《かみ》を薦め、天鳥船神《あめのとりふねのかみ》を添えて二神を遣わしました。

二神は出雲国の伊耶佐《いざさ》の浜に降り、十拳剣《とつかのつるぎ》を逆さまに波頭に刺し立て、そのきっさきにあぐらをかいて、大国主神に「天照大御神と高木神から、そなたの意向を聞くために遣わされた者である。そなたの領有している葦原中国は、御子が統治する国として委任された国である。そなたの考えはどうなのか」と言いました。

大国主神は「私はお答えできません。子の八重事代主神《やえことしろぬしのかみ》が答えるでしょう。しかし今は鳥狩りや漁をしに美保の崎に出かけてまだ帰っていません」と言いました。

そこで天鳥船神《あめのとりふねのかみ》を遣わし、八重事代主神《やえことしろぬしのかみ》を呼び寄せて尋ねたところ、父の大国主神に「かしこまりました。この国は天つ神の御子に奉りましょう」と言って、乗っていた船を踏み傾け、天の逆手を打って、船を青葉の柴垣に変えて中に隠れてしまいました。

建御雷之男神は大国主神に「あなたの子の事代主神はこう申した。ほかに意見を言うような子はいるか」と尋ねました。大国主神が「もう一人、我が子の建御名方神《たけみなかたのかみ》がいます。ほかにはいません」と話している間に、建御名方神が千人引きの大岩を手の先に差し上げてやってきて、「誰だ。私の国に来てそのようにひそひそ話をするのは。それでは力競べをしよう。まずは私があなたの手をつかんでみよう」と言いました。

建御雷之男神がその手をつかませると、たちまちその手を氷柱に変化させ、さらに剣の刃に変化させてしまいました。建御名方神は恐れをなして引き下がりました。今度は武御雷神が建御名方神の手をつかむと、葦の若葉をつかむように握りつぶして放り投げてしまったので、建御名方神は逃げ出してしまいました。

建御雷之男神が追いかけ、信濃の国の諏訪湖まで追いつめて殺そうとしたとき、建御名方神は「恐れ入りました。殺さないでください。私はこの諏訪を離れてはどこへも行きません。大国主神の命にも事代主神《ことしろぬしのかみ》の言葉にも背きません。この葦原中国は天津神の御子の言葉に従い、奉りましょう」と言いました。

建御雷之男神は出雲に戻って大国主神に「あなたの子の事代主神と建御名方神は、天つ神の御子の仰せのとおりに従って背きませんと言った。あなたの考えはどうなのか」と尋ねました。大国主神は「子どもの二神が言うことに私は背きません。葦原中国は仰せのとおりにことごとく献上しましょう。ただ、私の住むところは、天津神の御子が天照大御神の系統を受け継ぐことを知らしめる立派な宮殿のように、地底の盤石に柱を太く立て、高天原にとどくほどの千木をそびえさせた神殿をお造りくだされば、私は遠い幽界に隠れていましょう。子の神々の中にも背く神はおりますまい」と言いました。

その後、出雲国の多芸志《たぎし》の小浜に神聖な神殿を造り、水門の神の孫の櫛八玉神《くしやたまのかみ》が料理人となり、鵜《う》になって海底にもぐり、海底の粘土を加えてきて多くの平たい土器を作り、海藻の茎を刈って火鑽臼《ひきりうす》と火鑽杵《ひきりぎね》をつくり、神聖な火を鑽《き》りだして言祝《ことほ》ぎの詞《のりと》を唱えて、建御雷之男神をもてなしました。

建御雷之男神は高天原に登り、葦原中国を平定して帰順させたことを報告しました。

天孫降臨《てんそんこうりん》

天照大御神《あまてらすおおみかみ》と高木神《たかぎのかみ》（高御産巣日神《たかみむすびのかみ》）が天忍穂耳命《あまのおしほみみのみこと》に「葦原中国《あしはらのなかつくに》を平定し終えたと報告があった。だから先に委任したとおり、その国に天降《あまくだ》って統治しなさい」と命じました。

天忍穂耳命《あめのおしほみみのみこと》は「天降ろうと支度をしている間に子が生まれました。名は邇邇芸命《ににぎのみこと》といいます。この子を天降らせるとよいでしょう」と言いました。この御子は、天忍穂耳命が高御産巣日神の娘を娶《めと》って生んだ子です。こうして天照大御神と高木神は邇邇芸命に、「豊葦原の瑞穂《みずほ》の国は、あなたが統治すべき国として委任します。命令に従って天降りをしなさい」と命じました。

邇邇芸命が天降ろうとする道の途中の辻で、上は高天原を、下は葦原中国を照らす神がいました。天照大御神と高木神は天宇受売神《あめのうずめのかみ》に、「あなたはか弱い女でありながら、向き合った神に気後れせずに圧倒できる神である。だからあなたひとりで行ってその神が誰なのか尋ねなさい」と命じました。

天宇受売神がその神に尋ねると「私は国津神で、名は猿田毘古神《さるたびこのかみ》です。天津神の御子が天降っておいでになるとお聞きし、先導の役にお仕えしようとお迎えに参りました」と答えました。

こうして、天岩屋戸《あまのいわやど》の前で儀式をした天児屋命《あめのこやねのみこと》、布刀玉命《ふとだまのみこと》、天宇受売命《あめのうずめのみこと》、伊斯許理度売命《いしこりどめのみこと》、玉祖命《たまのおやのみこと》の合わせて5つの氏族にわかれた部族の首長を加えて天降りをしました。そのとき、「八尺瓊勾玉《やさかにのまがたま》」と鏡、草薙剣、思金神《おもいかねのかみ》、手力男神《たぢからおのかみ》、天石門別神《あめのいわとわけのかみ》も加え、天照大御神は「この鏡を私の御魂として、私を拝むのと同じように敬って祀りなさい。思金神《おもいかねのかみ》は私の祭りに関する政事を行いなさい」と命じました。

邇邇芸命は高天原の神座から出発し、天空に幾重にもたなびく雲を押しのけて、神威をもって道をかき分けかき分け、天の浮橋から浮島に立って、筑紫の日向の高千穂の霊峰に天降りました。

邇邇芸命は「この地は朝鮮に相対しており、笠沙《かささ》の御崎《みさき》（薩摩半島の北西端）にまっすぐ道が通じており、朝日がまともにさし、夕日が明るく照る国である。ここはまことによい土地だ」と言い、地底の盤石に太い宮柱を立て、天空にそびえ立つ壮大な宮殿にお住みになりました。

コラム

「記紀」だけじゃない日本の神話

「記紀」だけでも記載されている神様や神話が異なっているように、日本の神話は非常に多様です。ほかにも『風土記』『古語拾遺《こごしゅうい》』『先代《せんだい》旧事本紀《くじほんぎ》』といった書物が、「記紀」とは違った神話を伝えています。『風土記』は元明天皇期の713（和銅６）年に国内各国の行政官である国司・郡司に命じ、諸国の地名の由来や地形、風土や伝承、風俗をまとめさせた地誌です。ほとんどが散逸しており、完本として現存しているのは『出雲国風土記』だけで、播磨国、肥前国、常陸国、豊後国の風土記は一部欠損した状態です。他の書物に引用されるかたちで記された「逸文」でしか残っていない風土記もあります。

『出雲国風土記』には、記紀には登場しない八束水臣津野命《やつかみずおみつぬのみこと》という神が、出雲国が狭いからと朝鮮半島の新羅《しらぎ》から余っている土地を綱で引き寄せ、現在の島根半島をつくる「国引き神話」が書かれています。また、出雲国だけでなく、『播磨国風土記』や、他の文献に引用されて残っている『伊予国風土記』の逸文では、大国主神が記紀神話にはない様々な活躍ぶりを見せています。

また、『古語拾遺』は807（大同２）年に忌部氏《いんべうじ》の官人・斎部広成《いんべのひろなり》が編纂した神道資料で、天地開闢から天平年間（729－749年）までを記しています。

645（大化元）年の乙巳《いっし》の変以来、政治的に力を持った中臣《なかとみ》氏が宮廷祭祀を独占し、中臣氏とともに古代より祭祀を担ってきた忌部氏などの氏族が採用されていない状態だったことから、両氏は長年対立していました。同書では祭祀独占の弊害を訴え、記紀神話にはない伝承を記して忌部氏の正当性を強調しています。

忌部氏が祖神とする天太玉命《あめのふとだまのみこと》と中臣氏の祖神・天児屋命《あめのこやねのみこと》は、天照大御神が天岩屋《あまのいわや》に隠れた際にともに祭祀を行っています。「記紀」では天児屋命が重要な役割を担っているのに対し、『古語拾遺』では天太玉命が中心的な役割となっており、記紀神話にはない神々の名も記さ

➡P.216につづく

れています。

大化の改新を進めた天智天皇の弟である天武天皇の時代に編纂された『古事記』『日本書紀』が、当時力を持ちつつあった中臣氏に良いように描いている一面があることを、他の氏族が意識していたことがわかります。日本に限らず、神話や正史などの歴史資料は執筆・編纂した者の立場が反映されるものであり、読むときには注意が必要です。記紀の編纂から100年程度しかたっていない斎部広成の時代には、現代以上によりリアルな感覚としてそれが認識されていたと考えられます。

『先代旧事本紀』は９世紀ごろに成立したとみられ、天地開闢から推古天皇までの歴史を記述しています。著者は不明ですが、蘇我氏《そがし》との争いに敗れて中央での力を失った物部氏《もののべし》の祖神である饒速日尊《にぎはやひのみこと》に関わる事柄が多いことから、物部氏の人物とみられています。江戸時代以降、偽書説がありましたが、近年の研究で再評価がされてきています。

饒速日尊は、天孫降臨した邇邇芸命《ににぎのみこと》とは別に高天原《たかあまのはら》から天降《あまくだ》った神として、『古事記』『日本書紀』にも登場します。大和地方の豪族が祀っていた神であり、東征してきた初代神武天皇に豪族が敗れたのちに帰順したと書かれています。『先代旧事本紀』では、天児屋命や天太玉命、天鈿女命《あめのうずめのみこと》ら、記紀神話でも登場する神を含む32神を随伴《ずいはん》して天降ったとあるなど、より詳細に記しています。こうした違いも、祭祀を独占するようになった中臣氏と物部氏の力関係を反映しているとみられています。

記紀神話は日本神話を代表するものですが、日本には記紀には収まらなかった無数の神々と神話があり、様々な書物や祝詞などで今に伝えられています。こうした多様な神話の数々は、八百万《やおよろず》の神々《かみがみ》の存在を私たちに感じさせてくれています。

第7章

ビジネスエリートが実践している神様、神社とのつきあい方

氏神《うじがみ》神社と産土《うぶすな》神社へお参りする

氏神とはもともとは特定の氏族の祖神や、氏族と関係の深い神のことで、血縁でつながった集団の神です。一方の産土神とは生まれた土地の神であり、血縁に限らずその地域で暮らす地縁でまとまった共同体の神です。時代とともに混在し、氏神といえばどちらの意味も指すようになりました。

自分の氏族を守る特定の神を祀っているという人は、現代の日本では一般にはあまりいないでしょう。氏神とは、その土地を守っている神というとらえ方でよく、各都道府県の神社庁に問い合わせれば、その場所の住所を伝えるだけでどの神社が氏神なのか教えてくれます。

氏神は、私たちがこの世に生まれたとき、最初の呼吸をした場所を守ってくださっている神様で、生まれる前から死後に至るまで私たちお守りしてくれます。また、別の場所に移住したとしても、その土地の氏神が守ってくれます。

24時間365日お守りくださっていますから、まずは氏神をお参りするのをおすすめします。会社でいうと社長や部長ではなく、直属の担当上司になります。日常の小さなお願いや日頃の感謝を氏神に小まめに伝えていると、氏神からその上の担当の神様へおつなぎしてくださいますし、いざというときには、身近にいる氏神様がお守りしてくださります。

氏神様を大切にすることは地域への貢献でもある

1995年1月17日午前5時46分、淡路島北部を震源とするマグニチュード7・3の大地震が発生しました。

「阪神・淡路大震災」による死者は6434人、負傷者は4万3792人にものぼり、約64万棟の住宅が損壊し、高速道路が倒壊するなど、甚大な被害をもたらしました。

繁華街の中心にある生田神社（神戸市）は木造の拝殿が全壊し、石の鳥居や石灯籠は倒壊、朱鳥居や楼門にもヒビが入るなど大きな被害を受けました。近くに住んでいた神職はその日、社殿や鳥居を見上げて言葉を失ったといいます。

しかし、翌日には補修工事の準備に入り、ヘルメットをかぶって陣頭指揮にあたった加藤隆久宮司（現・名誉宮司）は当時の新聞の取材に「神戸のシンボルであり、神戸市民の氏神である生田神社の復興を神戸再生のシンボルにしたい」と意欲を語っています。

復旧工事中も祭祀を休むことなく行い、七夕まつりや夏祭りなど大きく賑わいました。

また、プロ野球のオリックスは前年まで毎年、生田神社でシーズン前に必勝祈願をしていたことから、パ・リーグ初優勝が近づいていた9月には神社が特設ステージにスクリーンを置き、歓喜の瞬間を待つファンが境内を埋め尽くしました。

同年11月30日には最新の耐震構造を備えた「世界最強」の拝殿の上棟式が行われ、12月には本殿の修理が完了して神体が仮殿から遷座しました。新年には三が日だけで90万人が初詣に詰めかけ、震災前だった前年の三が日を上回りました。神社を中心に街に賑わいが戻り、地域の人々にとって気持ちのうえでも経済的にも大きな励みになっただろうことは想像に難くありません。

約17億2300万円かかった復興事業は、自己資金でまかないきれなかった約3億2600万円余に民間からの寄付金をあてることができ、約1年半で完了しました。バブル経済の崩壊で景気の低迷が深刻であったにもかかわらず全国から寄付が集まり、その中でも多くは神戸の企業や個人からでした。

自らも被災者である神戸の人々が生田神社の復興に協力したのは、神社が人々の憩いの場であり、繁華街の象徴的な存在である神社の復興が、まさに神戸再生のシンボルになるという気持ちがあったからでしょう。

「震災でいよいよあかんと思いましたが、特に地元の企業や名もなき人々が寄付してくれました。自分の生まれ育った土地の神様が困っているのなら助けたいという信仰心があるのでしょう。そうした人たちの気持ちでつくってきたのが神道で、そのことを伝えていくのが宮司の務め。そうした気持ちを態度で示すのが神道です。神社の復興に取り組む中で、神様にも人々にも改めてそれを教えていただきました」

加藤名誉宮司は当時を振り返ってこう話してくれました。

生田神社の由来は『日本書紀』に記されています。201年、神功皇后の朝鮮半島への外征の帰途に船が進まなくなり、神占を行ったところ、稚日女尊《わかひるめのみこと》が現れて「活田長峡国《いくたながおのくに》に居たい」と神託があったとあります。稚日女尊は天照大御神の和魂《にぎみたま》とも妹神ともいわれる、稚くみずみずしい日の女神とされています。

社伝では、当初は山の麓に祀られていましたが、799（延暦18）年の洪水で山が崩壊したため、村人が神体を背負って鎮座地を探し、突然重くなって歩けなくなった場所に「ご神意」として安置したのが現在の生田神社です。806（大同元）年に神社を守る家である「神戸《かんべ》」44戸を朝廷から賜り、これがのちに「こうべ」となって神戸の地名の語源になったとされています。まさに神戸の氏神様なのです。

生田神社は昭和以降でも、1938（昭和13）年の阪神大水害で被害を受け、1945（昭和20）年の空襲で社殿を焼かれていますが、そのつど復興してきたことから「復活の神様」とも呼ばれて親しまれています。つらいときも楽しいときも人々とともにあるのが氏神様であるということを私たちに教えてくれています。

地域の神社である氏神様は、人々にとっての憩いの場であり、心のよりどころでもあり、定期的に行われる祭りを通して地域の一体感も高めてくれます。古くから神社の周辺に門前町が栄えてきたように、人が集まる場である神社は存在そのものが経済効果ももたらします。氏神様を大切にすることは地域への貢献であり、地域の歴史や文化を守る姿勢は、地域の人々からの尊敬を集めることにもなるでしょう。

御礼参りの大切さ

御礼参りとは神恩感謝のことです。私たちは、何か願いごとや困ったことがあると神様へお願いします。中には足繁く神社に通ったり、祈祷祈願したりと熱心な方もみかけます。しかし、お願いごとがかなうと安心して神様にお願いしたことを忘れ、または、忙しい毎日に追われて御礼参りをしないということはないでしょうか？　実は、願いがかなった後の御礼参りこそが大切なのです。

御礼参りとは、「おかげさまでお願いしたことがかないました。ありがとうございました」

と神様にご報告し、神様のご恩に感謝することです。お願いごとをするときばかり必死になり、お願いごとがかなうとまったく報告もしないということではなく、神様に対しても人の世界と同じようにきちんと御礼を伝え神恩感謝することが大切です。

日本の神様は、祟《たた》りによって災害や疫病を引き起こすと畏《おそ》れられる神様でしたが、祟りの強い神様ほど霊験あらたかでもあり、やがてご神徳のあるありがたい神様として親しまれるようになりました。でも私は、ありがたい神様には怖い一面もあるということを忘れないようにしたいと心がけています。お願いとは、そうした緊張感を持ってするべきことですし、感謝することでむしろお願いを聞いていただけるのではないかとも思うのです。

ある神社では、御礼の手紙がくると必ず御神前にご報告するそうです。宮司によると、

「そうすることで、その真心が神様にも伝わり、その後の流れが変わってくることもあります」

とのことでした。

神様にお参りするということは、自分自身の意思、決意を知っていただくということです。そうして自分自身を見つめ直す瞬間でもあり、そうしたことで願いがかなったり、困りごとが解決したりすることにつながってくるのではないでしょうか。

御礼参りは、神様に対してだけでなく、いただいたご恩・ご縁に感謝するという自分自

身の姿勢を神様の前で意識することでもあります。ビジネスにおいても、御礼をしっかりと伝えられる人にはよいご縁が巡ってくるのではないでしょうか。

神棚や御札《おふだ》で家や職場を守る

事務所に神棚を置いていたり、御札《おふだ》を貼ったりしている企業は少なくありません。神棚は各家庭や事務所などに設けられ、神様の分霊や御札などをお祀りして祭祀をする施設です。清浄で明るく、静かで、供え物をしたり拝んだりするのに都合の良い場所に南向きか東向きに置くとよいといわれています。

神社ではお守りや御札を授与しています。神様の御力が依《よ》られるものとして、神職の方々が一つひとつ心をこめて祈り手作りし、神前で祈祷している尊いものです。そのような、祈りの力が入っている御札やお守りを自宅や会社にお祀りすることで、その力が家や会社を守ってくださるのです。

毎朝、神棚や御札の前の水を替えてお供えをし、きれいに整えることで、気持ちを新たに一日を始めることができます。神様が見ているという意識を持つことで、独りよがりにならずに、地域との協調や文化や歴史、自然への配慮など、より高い倫理観を持って仕事に取り組むことができるという経営者の声をよく耳にします。

歴史の長い企業ほど神棚を置くなど神様を大切にしているそうです。１００年、２００年と事業が続いていく背景に、そうした謙虚さと誠実さがあるのではないでしょうか。

敷地に神社を建てる企業も

日本には、自社の敷地内に神社を建てる企業が少なくありません。業界に関係する神様やその地域の神様、創業者が崇拝する神様、創業者自身や殉職した社員らを神様として合祀して祀っている神社もあります。

熾烈な競争の中で常に結果を求められている経営者には、神様を大切にする人が少なくありません。伝統を守るだけでなく、時には未知なる世界を切り開いていかなければならないだけに、人知を超えた神様の力を信じる経営者が神社を設けることが多いのです。

企業と神社の関係は、特に戦前までの日本で一般的だった「地域社会とその中心にある神社」という光景を思い浮かべるとわかりやすいかもしれません。

日本企業の特徴として、終身雇用、年功序列、企業別組合という日本特有の経営体制が挙げられます。入社した社員は定年まで同じ企業に勤め、年齢とともに給与が上がり、企

	企業名	業種	神社名
【東京】	GINZA SIX	商業施設	靏護稲荷大明神《かくごいなりだいみょうじん》
	ポーラ	化粧品	ポーラ稲荷
	出光興産	石油	宗像神社
【神奈川】	ラゾーナ川崎プラザ	商業施設	出雲神社
【長野】	京セラ長野岡谷工場	電子部品	京セラ神社
【新潟】	大原鉄工所	輸送用機器	弥彦神社
【富山】	北陸電力	電力	有峰神社
【愛知】	トヨタ自動車	自動車	豊興神社
	カゴメ	食品	稲荷大神
	デンソー	自動車部品	豊玉稲荷
	ナゴヤドーム	サービス	球場神社
【京都】	ワコール	繊維	和江神社
	月桂冠	飲料	稲荷大神
	オムロン	電機	稲荷社
【大阪】	パナソニック	電機	白龍大明神
【兵庫】	三菱重工業神戸造船所	造船	末廣稲荷
【広島】	マツダ	自動車	伏見稲荷
【宮崎】	宮崎放送	放送	五所稲荷神社

企業内神社一覧

	企業名	業種	神社名
【北海道】	王子製紙苫小牧工場	製紙	王子神社
	サッポロビール北海道工場	飲料	北海道神社
【宮城】	トヨタ自動車東日本	自動車	豊東神社
【茨城】	日立製作所	電機	熊野神社
【千葉】	日本航空	航空	日航香取神社
	キッコーマン	食品	琴平神社
【東京】	恵比寿ガーデンプレイス	商業施設	恵比寿神社
	アサヒグループホールディングス	飲料	旭神社
	花王	化学	花王神社
	ギンザコマツ	商業施設	三輪神社
	JR東日本	鉄道	鉄道神社
	三越伊勢丹ホールディングス	デパート	三囲神社
	伊勢半	化粧品	眼力稲荷
	エスビー食品	食品	鬼神社
	東宝	サービス	東宝稲荷
	歌舞伎座	サービス	歌舞伎稲荷神社
	東洋水産	食品	幸稲荷神社
	DIC（大日本インキ化学工業）	化学	大日稲荷
	テレビ朝日	放送	テレビ朝日稲荷
	三菱倉庫	倉庫	為替稲荷
	トッパン	印刷	明善稲荷
	東京ガス	ガス	発祥稲荷
	東京タワー	サービス	タワー大神宮
	東京証券取引所	証券	兜神社
	ニップン	食品	照日粉稲荷大明神

業単位で組織される労働組合が企業と強調して組合員と企業を守っていくという、日本型経営と呼ばれるものです。

高度経済成長期に地方からの集団就職が広く行われるまでの日本では、ほとんどの人は生まれた地域で生涯をまっとうしました。地域という共同体の中で生き、年長者が敬われ、共同体の互助的な機能の中で守られてもいました。その共同体を守る氏神を祀る、精神的な支柱として地域の中心にあったのが神社です。日本企業はこの地域社会制度を取り入れた共同体であり、社内をまとめる氏神的な存在となってきたのが企業内神社なのです。

現代では日本型経営は崩壊しつつありますが、神社は企業の歴史の象徴であり、会社の一員であるという誇りを思い出させてくれる存在であることには変わりはありません。神様の前では地位も立場も関係なく、新年には社長から社員まで揃って神様に向き合い、一年の無病息災と安全、商売繁盛を祈り、誠意ある仕事をすることを改めて誓う、大切な場所になっているのです。

神事の後の直会《なおらい》

神事が終わった後には、直会が行われます。直会とは、「直り合い」が語源とされていて、

「もとに戻る」ということです。神事という非日常から日常の生活に戻ることを指しています。直会を行うことですべての神事を終え、日常に戻ることになります。

神事に先立ち、神職は斎戒《さいかい》を行います。神に奉仕する者は心身の清浄に努めなければならず、神との交流を可能にするために斎戒は必須とされています。

現在の神社本庁の規程では、神社で行われる祭祀を大祭、中祭、小祭に分類しています。祭祀に奉仕する者は大祭、中祭にはその当日と前日、小祭にはその当日に斎戒をするものとし、「斎戒中は潔斎して身体を清め、衣服を改め、居室を別にして、飲食を慎み、思念、言語、動作を正しくし、汚穢《おわい》、不浄に触れてはならない」とされています。さらに厳しい独自の斎戒を行う神社もあるそうです。

奈良時代には大祀《たいし》（大祭《たいさい》）には1カ月、中祀《ちゅうし》には3日、小祀《しょうし》には1日の斎戒をするものとされていました。「六食ノ禁忌《りくじきのきんき》」が厳しく戒《いまし》められ、①死者への弔問②病人への見舞い③肉を食べる④罪人を裁く⑤処罰をする⑥音曲や舞踊は禁じられました。

参拝者が神職のように事前に斎戒することは現代ではありませんが、儀式に参加する際には、身なりを整え、姿勢を正しくし、言動を慎まなくてはなりません。神事に参列するということは非日常の中に入るということであり、だからこそ、神職でなくても神事の後は直会によって日常に戻る必要があるのです。

神前にお供えしているお米やお酒、海の幸・山の幸、お塩、果物などを神饌《しんせん》・御饌《みけ》といいます。神様にお供えしたお酒は、御神酒《おみき》と呼ばれます。

祭りの後や、祈祷祈願などの神事の終了後に、神前にお供えした御饌御酒《みけみき》を神職や氏子《うじこ》、参列者といただきます。そうすることで神々の恩頼《みたまのふゆ》をいただくことができると考えられています。神前に供えることで供物《くもつ》に神霊が宿り、それをいただくことによって、神と人とが一体となり、力をわけてもらい、結びつきが強くなることでご加護をしていただけるという意味もあります。

現在では、簡略化されたものとして日本酒を戴くことが一般的な直会の儀礼となっています。日本酒が米から作られるものであり、また調理をせずにその場で直接戴くことができるため、象徴的に行うものとなりました。

神饌の最上級として御神酒が位置づけられるのは、お米は太陽や水も山や川、自然界からの恵みであり、稲作を中心に発展してきた日本では、お米の一粒にさえも神が宿ると考えられているからです。酒は神に捧げるために作られてきたものであり、その天と地の恩恵を使ったお酒にも同じように神聖な意味があるとされています。

【御神酒のいただき方】

①礼手《らいしゅ》（一拍手《いちはくしゅ》）：神職や巫女が御神酒を注いでいただく前に、一度手を叩きます（礼手）。

②盃《さかずき》を手に取る：礼手後に両手で盃を持ち、注いでいただきます。盃の持ち方は親指を縁に、残りの4本を揃えて盃の下にそえます。

③御神酒を飲む：3口に分けて少しずつ飲みます。

④盃を拭《ぬぐ》う：飲み終えたら口をつけた部分を拭います。左手で盃を支え、右手の中指・人差し指・親指の3本を使い、口をつけた部分を挟むようにして拭います。

⑤盃を置く：飲み口を拭い終えたら静かに盃を置きます（車の運転などがある場合は、お神酒を飲まず、いただくかたちをするだけでもよいとされています）。

祭りの後や、祈祷祈願などの神事に参列した後に、神職や氏子《うじこ》、参列者らで宴会を開くことがあります。古来より行われてきたことで、祭りの楽しみでもあります。これも直会であり、楽しむことも祭りの一環なのです。

宴会に参加できなくても直会はできます。できるだけ俗っぽいものがよいとも言われており、私はポテトチップスのようなスナック菓子やチョコレートなど手軽に食べられるようなものを口にします。堅苦しくないところも日本の神様の魅力ではないでしょうか。

授与品

神社に参拝して正式参拝や祈祷祈願をすると授与品をいただけます。御札《おふだ》や破魔矢《はまや》のほか、御神酒《おみき》やお菓子など神饌《しんせん》のお下《さ》がりをいただけることが多く、神社によって特徴があります。

御守りや御札、破魔矢の効果は一般に一年とされています。神社には古札《ふるふだ》をお返しする場所がありますので、一年をめどに、いただいた神社にお返ししてお焚《た》き上げをしていただくのが最もよいです。遠方の場合は郵送しても受け付けてくれる場合がありますので問い合わせてみるとよいでしょう。近所の神社の古札納所《おさめじょ》に入れてもよいとされています。

神饌とは神様に供《そな》える飲食の総称です。神様の出現・降臨《こうりん》を願って神饌を供えて神様をもてなし、神様と人がともに食事をする「神人共食《しんじんきょうしょく》」を行うのが日本の祭りの特徴です。神様の神気が籠《こ》もった神饌をお下げした物を「撤下神饌《てっかしんせん》」といい、これを食べることで神様のお力をいただくことができるのです。神社における祭祀とは、神様に神饌を召し上がっていただいている間に祝詞《のりと》や神楽を奏上してお楽しみいただき、神饌をお下げして終了するという流れになっているのです。

授与品として一般的なのは御神酒《おみき》で、その土地の酒蔵の酒をいただけることが多く、神社によってはこだわりがあって、特徴がよく現れます。例えば太宰府天満宮の祭神である菅原道真公は梅を愛したといわれており、いただける御神酒は梅酒です。鹿児島県では県内の酒蔵のほとんどが芋焼酎を作っており、神社の御神酒は近くの酒蔵の芋焼酎です。

昆布や鰹節、砂糖菓子の「落雁《らくがん》」をいただける神社が多いですが、特徴のあるお菓子をいただける神社もあります。明治神宮では祭神の明治天皇がお好きだった羊羹をいただけます。近代より外国人街が栄えた神戸は現在も洋菓子店が多く、生田神社の撤下神饌にはマドレーヌなど様々なお菓子が入っていて、私はいつも開けるのが楽しみです。

お下がり物はそのままいただくのがよいですが、アルコールが苦手な人は御神酒を料理に入れてアルコールを飛ばしても大丈夫です。落雁など砂糖菓子も、そのままいただくか、煮物などの料理に入れるのもよいでしょう。お米をいただいた場合は、お米を研ぐときに混ぜて、一緒に炊いていただくとよいです。

です。震災で滅失または損壊をした建物等の現状回復にかかる費用のうち、その神社の自己資金や借入金で賄《まかな》えない額までが対象です。

2013（平成25）年の伊勢神宮や2015（平成27）年の賀茂別雷神社《かもわけいかずちじんじゃ》（上賀茂《かみがも》神社）の式年遷宮のように、国宝や重要文化財の修繕が指定寄附金の対象になる場合もあります。法人は寄付の全額が控除になり、神社としては企業への寄付の依頼をしやすくなることから、対象となるよう、宗教法人を所管する都道府県などへの働きかけに奔走する神社も少なくありません。

祭りの際に境内《けいだい》に飾られる提灯など、企業名が書かれたものについては、宣伝効果が見込まれることから一般的に広告宣伝費となり、控除の対象にはなりません。詳細は税務署や税理士に相談することをおすすめします。

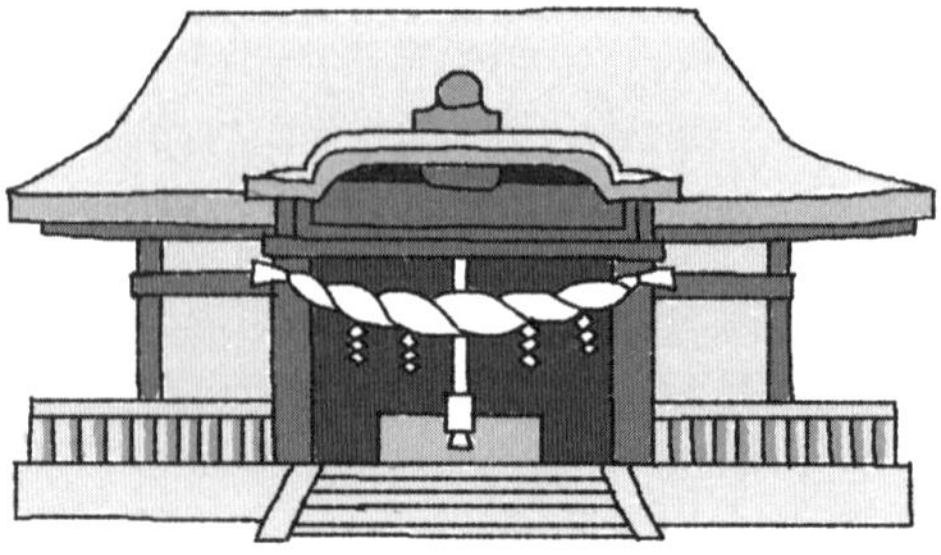

コラム

神社への寄付は非課税だが企業名入りの提灯は課税対象？

企業や個人による神社への寄付や、祈祷祈願《きとうきがん》をした際の初穂《はつほ》料や玉《たま》串《ぐし》料、祭りで飾る提灯《ちょうちん》への支出は控除の対象になるのでしょうか。

寄付金とは、金銭や資産の見返りを求めずに相手に贈与することです。企業の場合、事業と関連のない神社への寄付金は損金として計上でき、「商売繁盛」「安全祈願」といった祈祷祈願の初穂料や玉串料も神社への寄付という名目になります。

ただし、企業が損金扱いにできる寄付金には限度額があり、以下の計算式で求められる上限額内に限られます。

（資本金等の額×登記の月数/12×2.5/1000+所得金額×2.5/100）÷4

例えば資本金等の額1000万円、所得の金額1500万円の決算企業の場合、

（1000万円×12/12×2.5/1000+1500万円×2.5/100）÷4=10万円

個人事業主からの寄付金は、「宗教的色彩を強く持つ行為であり、事業との関連性、必要性を欠く」として経費性が認められなかった判例があります。神社への寄付や祈祷祈願料を経費として認めてもらうのは難しいでしょう。また、寄付金としての控除にもなりません。

東日本大震災などで災害にあった神社の建物の復旧事業や、式年遷《しきねんせん》宮《ぐう》などでの神社の修復事業が指定寄附金制度が適用された場合、個人が寄付した場合は所得控除か税額控除のどちらか選んだほうの一部が控除になり、企業が寄付した場合は全額が控除になります。また、個人の寄付金の一部が県民税や市民税の控除対象となります。

東日本大震災関連で適用になった神社は11社（2020年6月19日時点）

【神田神社《かんだじんじゃ》（東京都千代田区）】

❶平将門《たいらのまさかど》

❷平安中期の武将。自ら新皇《しんのう》と称して関東の自立を図ったが、討たれてさらし首に。京都から首が飛んできたという東京・大手町に首塚とされる将門塚がある。周辺で天変地異や疫病が頻発し、怨霊を鎮めるために1309（延慶２）年に神田明神に祀られた。

❸730（天平２）年

【白峰宮《しろみねぐう》（香川県坂出市）】

❶崇徳上皇《すとくじょうこう》

❷皇位継承問題や摂関家の内紛から起こった保元の乱（1156年）で後白河天皇方に敗れ、讃岐国へ配流されて幽閉されたまま憤死。御所の後に崇徳天皇社（白峰宮）が造営された。その後、後白河院に近い人々が相次いで死去するなどで怨霊の噂が広がり、慰撫《いぶ》のため「崇徳院」の号が贈られた。怨念の深さから天狗・魔王とも恐れられたが、白峰宮は「天皇さん」と呼ばれ親しまれている。明治天皇は1868（明治元）年に御霊を京都へ帰還させて白峯神宮（京都市）を創建した。

❸1164（長寛２）年

【水無瀬神宮《みなせじんぐう》（大阪府島本町）】

❶後鳥羽上皇《ごとばじょうこう》

❷鎌倉幕府の執権・北条義時追討を狙って承久《じょうきゅう》の乱（1221年）を起こしたが惨敗し、隠岐島（島根県）に配流されて1239年に崩御。乱で幕府方を率いた北条泰時・時房、有力御家人の三浦義村、四条天皇らが死亡し、怨霊を鎮めるために後鳥羽院のかつての離宮跡に御影堂（現在の水無瀬神宮）が建立された。

❸1240（仁治元）年

◎一族の始祖となった人を祀る神社

【談山神社《たんざんじんじゃ》（奈良県桜井市）】

❶藤原鎌足《ふじわらのかまたり》

❷中大兄皇子（のちの天智天皇）とともに大化の改新を行い、藤原氏の始祖として崇められた。

❸701（大宝元）年

➡P.239につづく

● 祭神《さいじん》になった人 ●

❶祭神になった人　❷由緒　❸創建

◎怨霊《おんりょう》になった人を祀る神社

【御霊神社《ごりょうじんじゃ》（奈良市）】

❶井上内親王《いのえないしんのう》、他戸親王《おさべ》

❷光仁天皇《こうにん》を呪詛《じゅそ》したと濡れ衣を着せられて井上内親王は皇后位を、他戸親王は皇太子を廃され、幽閉先で急死して怨霊化。第50代桓武《かんむ》天皇の勅命で創祀《そうし》。

❸800（延暦19）年

【崇道天皇社《すどうてんのうしゃ》（奈良市）】

❶崇道《すどう》天皇（早良《さわら》親王）

❷有力者・藤原種継《ふじわらのたねつぐ》の暗殺に関与した罪で幽閉され、無実を訴えて絶食し、配流先へ移送中に憤死《ふんし》して怨霊化。皇位継承していないが崇道天皇の尊号を追贈《ついぞう》。

❸806（大同元）年

【上御霊神社《かみごりょうじんじゃ》（正式には御霊神社）（京都市）】

❶崇道天皇（早良親王）、井上皇后、他戸親王、藤原吉子《ふじわらのきっし》（桓武天皇妃）、橘逸勢《たちばなのはやなり》、文屋宮田麻呂《ふんやのみやたまろ》

❷いずれも謀反《むほん》の疑いをでっち上げられて服毒死や配流先で憤死して怨霊化。

❸863（貞観５）年

【下御霊神社《しもごりょうじんじゃ》（京都市）】

❶崇道天皇（早良親王）、伊予《いよ》親王（桓武天皇の皇子）、藤原吉子、藤原広嗣《ふじわらのひろつぐ》、橘逸勢、文屋宮田麻呂

❷伊予親王は母の藤原吉子とともに陰謀にまきこまれ、謀反の首謀者とされて幽閉され、飲食を止められたのちに服毒自殺して怨霊化。

❸863（貞観５）年

【太宰府天満宮《だざいふてんまんぐう》（福岡県太宰府市）】

❶菅原道真《すがわらのみちざね》

❷平安初期の公卿《くぎょう》・学者。醍醐天皇の廃位を企てているとの冤罪で太宰府に左遷され憤死《ふんし》。怨霊を鎮めるため北野天満宮《きたのてんまんぐう》（京都市）が造営され、天満天神信仰の対象となって全国に勧請された。

❸919（延喜19）年

【日光東照宮《にっこうとうしょうぐう》（栃木県日光市）】
❶徳川家康《とくがわいえやす》
❷征夷大将軍となって江戸幕府を開いた徳川家康は、死後、朝廷から「東照大権現《とうしょうだいごんげん》」の神号を与えられて神格化され、神仏習合の「日光三所《さんしょ》権現」として信仰されていた満願寺（現・輪王寺）に霊廟・東照宮が設けられた。明治時代に東照宮、二荒山神社《ふたらさんじんじゃ》、輪王寺に分離された。
❸1617（元和３）年

【建勲神社《たけいさおじんじゃ》（京都市）】
❶織田信長《おだのぶなが》　❸1870（明治３）年

◎南朝の皇族と功臣を祀る神社（建武中興十五社）

【吉野神宮《よしのじんぐう》（奈良県吉野町）】
❶後醍醐天皇《ごだいごてんのう》
❷武家中心の鎌倉幕府を倒し、天皇中心の政治に戻す「建武の新政」に取り組んだ。江戸幕府から実権を取り戻し明治政府を樹立した明治天皇は、後醍醐天皇と親王、南朝側で戦った武士らを祀る神社を創建した。
❸1889（明治22）年

【鎌倉宮《かまくらぐう》（神奈川県鎌倉市）】
❶護良親王《もりよししんのう》　❸1869（明治２年）

【井伊谷宮《いいのやぐう》（静岡県浜松市）】
❶宗良親王　❸1873（明治６）年

【八代宮《やつしろぐう》（熊本県八代市）】
❶懐良親王　❸1892（明治25）年

【金崎宮《かねがさきぐう》（福井県敦賀市）】
❶尊良親王　❸1897（明治30）年

【湊川神社《みなとがわじんじゃ》（兵庫県神戸市）】
❶楠木正成　❸1872（明治５）年

➡P.241につづく

【多田神社《ただじんじゃ》（兵庫県川西市）】

❶源満仲《みなもとのみつなか》、源頼光《みなもとのよりみつ》、源頼信《みなもとのよりのぶ》、源頼義《みなもとのよりよし》、源義家《みなもとのよしいえ》

❷源満仲は清和天皇の曽孫《ひまご》で清和源氏の始祖。その曽孫の義家までを祀り、室町幕府や江戸幕府に崇敬された「清和源氏発祥の地」。仏教寺院の多田院だったが、明治時代に神社に移行。

❸970（天禄元）年

◎業績から神格化された人を祀る神社

【晴明神社《せいめいじんじゃ》（京都市）】

❶安倍晴明《あべのせいめい》

❷陰陽師《おんみょうじ》として名声を極め、後世の陰陽師があやかろうと信仰し、各地に祀った。

❸1007（寛弘４）年

【高津柿本神社《たかつかきのもとじんじゃ》（正式名は柿本神社）（島根県益田市）】

❶柿本人麻呂《かきのもとのひとまろ》

❷歌集「万葉集」の第一の歌人で、国司として石見国に赴任した当地で没したとされる。和歌の上達などに霊験があるとされ、歌聖として崇敬された。

❸724 ～ 729年（神亀年間）

◎天下人や大名を祀る神社

【豊国神社《とよくにじんじゃ》（京都市）】

❶豊臣秀吉《とよとみひでよし》

❷天下人・太閤秀吉が死後、朝廷から「豊国大明神《とよくにだいみょうじん》」の神号を与えられて祀られた。豊臣家が滅亡すると江戸幕府によって破壊されたが、江戸幕府が倒れた後に再建された。

❸1880（明治13）年

【平田神社《ひらたじんじゃ》（東京都渋谷区）】

❶平田篤胤《ひらたあつたね》　❸1881（明治14）年

◎軍人を祀る神社

【東郷神社《とうごうじんじゃ》（東京都渋谷区）】

❶東郷平八郎《とうごうへいはちろう》　❸1940（昭和15）年

【乃木神社《のぎじんじゃ》（東京都港区など）】

❶乃木希典《のぎまれすけ》　❸1923（大正12）年

【広瀬神社《ひろせじんじゃ》（大分県竹田市）】

❶広瀬武夫《ひろせたけお》　❸1935（昭和10）年

【橘神社《たちばなじんじゃ》（長崎県雲仙市）】

❶橘周太《たちばなしゅうた》　❷陸軍軍人。日露戦争における遼陽会戦で戦死し、軍神として崇敬される。　❸1940（昭和15）年

【靖国神社《やすくにじんじゃ》（東京都千代田区）】

❶戦没兵・軍属　❸1869（明治２）年

◎歴代天皇を祀る神社

【橿原神宮《かしはらじんぐう》（奈良県橿原市）】

❶神武天皇《じんむてんのう》　❸1890（明治23）年

【平安神宮《へいあんじんぐう》（京都市）】

❶桓武天皇《かんむてんのう》　❸1895（明治28）年

【明治神宮《めいじじんぐう》（東京都渋谷区）】

❶明治天皇《めいじてんのう》　❸1920（大正９）年

【近江神宮《おうみじんぐう》（大津市）】

❶天智天皇《てんじてんのう》　❸1940（昭和15）年

【四條畷神社《しじょうなわてじんじゃ》（大阪府四條畷市)】

❶楠木正行　❸1890（明治23）年

【菊池神社《きくちじんじゃ》（熊本県菊池市)】

❶菊池武時・武重・武光　❸1870（明治３）年

【藤島神社《ふじしまじんじゃ》（福井県福井市)】

❶新田義貞　❸1870（明治３）年

【名和神社《なわじんじゃ》（鳥取県大山町)】

❶名和長年　❸1892（明治11）年

【阿部野神社《あべのじんじゃ》（大阪市)】)

❶北畠親房《ちかふさ》・顕家《あきいえ》　❸1882（明治15）年

【霊山神社《りょうぜんじんじゃ》（福島県伊達市)】

❶北畠親房・顕家・顕信・守親　❸1881（明治14）年

【小御門神社《こみかどじんじゃ》（千葉県成田市)】

❶藤原師賢《もろかた》　❸1882（明治15）年

【北畠神社《きたばたけじんじゃ》（津市)】

❶北畠顕能・親房・顕家　❸1643（寛永20）年

【結城神社《ゆうきじんじゃ》（津市】

❶結城宗広　❸1873（明治６）年

◎明治維新に貢献した人を祀る神社

【松陰神社《しょういんじんじゃ》（東京都世田谷区)】

❶吉田松陰《よしだしょういん》　❸1882（明治15）年

【南洲神社《なんしゅうじんじゃ》（鹿児島市)】

❶西郷隆盛《さいごうたかもり》　❸1913（大正２）年

【本居宣長ノ宮《もとおりのりながのみや》（三重県松阪市)】

❶本居宣長《もとおりのりなが》　❸1875（明治８）年

第8章

日本の神様の基礎 VI
教養人として知っておきたい神社の話

神様の役割はそれぞれ違う

「神様に祈ればなんでもかなえてくれる」「神様は心が広くて万能だからなんでもお願いしても大丈夫」という人がいますが、人と同じように、神様にも得意分野があります。

病院に行って外科の先生に婦人科のことを聞いても、医学部で勉強はしているので知ってはいるけれど、より詳しいエキスパートがいることがあるように、学業の神様に恋愛のことをお願いするよりも、その道専門の神様にお願いしたほうが良い場合があります。

例えば、地域を守っている氏神様《うじがみ》には氏神様の役割があり、地域の暮らしの一部である個人的なことを願うのもよいですが、国全体を守っている神様には個人的なお願いよりも五穀豊穣《ごこくほうじょう》や国の安泰《あんたい》など願うとよいという考え方があります。また、神社により祭神《さいじん》が異なり、ご神徳《しんとく》もそれぞれなので、祈願《きがん》したい内容に合わせてお参りする人も多いのです。

全国の神社は、天照大御神《あまてらすおおみかみ》を祀《まつ》る伊勢神宮を別格として、そのほかを氏神神社と崇敬《すうけい》神社の2つに大きくわけることができます。

氏神神社とは、自分の住んでいる地域の氏神様を祀る神社で、その周辺地域に住む人々を氏子《うじこ》といいます。元来は、同じ氏族の間で自分たちの祖先である祖神や、氏族に関係の深い神様を氏神として祀り、その血縁集団を氏子と呼びました。氏族中心だった共同体が拡大し、同じ地域に住む地縁関係による結びつきを背景に神様が祀られるようになりました。これを産土神《うぶすながみ》と産子《うぶこ》といいますが、混同されていずれも氏神・氏子と呼ばれるようになりました。

鎮座している地域を守っているのが氏神様で、その地域に新しく住むときにはご挨拶をするとよいですし、そこで無事に暮らしていけるよう、折々にお参りをするとよいとされています。

日常のことなどは、氏神様にお参りに行くとよいと言われていて、一番身近な担当の神様です。近所の神社が必ずしも氏神様であるわけでない場合もあるので、住んでいる地域の神社庁に問い合わせると教えてくれます。

崇敬神社とは、こうした地縁血縁とは関係なく個人の特別な信仰などによって崇敬される神社で、信仰する人々を崇敬者といいます。

平安初期までは氏神信仰が主流でしたが、中期ごろからは霊威《れいい》ある神々が地域を越えて祀られる勧請《かんじょう》型信仰が盛んになっていきました。平安京などの大都市の住民は地縁血縁と関係ない新住民が多く、霊威神や流行の神を受け入れやすかったと考えられています。そうして八幡《はちまん》や稲荷《いなり》、天神《てんじん》や神明《しんめい》などの神社が各地に勧請されていきました。

また、社会の規模が拡大して分業化が進むにつれて、職業集団ごとにそれぞれに関わりのあるご神徳《しんとく》を持つ神様を崇敬するようにもなっていきました。地域の人々にとっての氏神様が、ご神徳によっては地域を越えて崇敬される神社にもなるのです。

神話の中でも神様はそれぞれの役割を担って活躍し、功績を残しており、それがご神徳として言い伝えられています。神様にお願いをするときは、その内容にあった分野に実績のある神様をお参りするとよいでしょう。

神様の中でも最高神とされている天照大御神《あまてらすおおみかみ》は、太陽の神であり、天皇の祖神《そしん》です。日本全体を守っている神様ですから、特に伊勢神宮では、日本全体、世界全体の平和や五穀豊穣などを祈願するとよいとされています。

神職の仕事

一般企業などで働いている人にとって、神職はどのような仕事を日々しているのか、謎です。神社によって異なりますし、最高責任者である宮司《ぐうじ》や、若手の禰宜《ねぎ》など職場内での地位によっても仕事内容が違いますので一般化はできませんが、神職の主な仕事の内容を箇条書きにしてみました。

● 神職の仕事 ●

- 祭祀《さいし》服を着て神様に奉仕する、一般にイメージされる神職の仕事
- 地鎮《じちん》祭や上棟《じょうとう》祭など、神社以外の場所で行う祭祀
- 祭祀や行事の準備やリハーサル
- 奏楽《そうがく》の練習
- 祭祀舞の練習
- 祝詞《のりと》の作文。基本的に、祈祷《きとう》祈願をする人に合わせて祝詞をつくる
- 注連縄《しめなわ》や注連縄につける紙垂《しで》などをつくったり取りつけたりする
- 御札《おふだ》や御神饌《ごしんせん》など、祈祷を受けた人への授与品《じゅよひん》セットの用意
- 御朱印に毛筆で記入し押印する
- 禊《みそぎ》など神道の作法の練習や実践
- 事務作業
- 早朝から境内《けいだい》の掃除、木々の剪定《せんてい》
- 雪国の場合は除雪など冬対策
- 焼却炉でお焚き上げ
- 他社の祭祀、神輿《みこし》の担ぎ手などへの出張
- 企業や団体を回って遷宮などの寄付金のお願い

神社の中での出来事、物事のほとんどを神職のみなさんが手作業で行い、神様に奉仕し、参拝者を迎える用意をしてくれていることがわかります。神職や巫女《みこ》の皆さんに感謝しながらお参りをしたいと改めて思います。

神社の祭祀・行事

神社は、そこに鎮座している神様に奉仕する場所で、奉仕とは祭祀、祭りのことです。「まつり」とは「まつ」「まち」と同義語です。神々は遠い天上や野山から来訪・降臨すると考えられてきました。遠来の神々を待ち望み、真心を込めて仕え奉《たてまつ》るのであり、「まつ」から「まつる」「まつり」が生まれました。「まつりごと」という政治によって神から賜《たまわ》った神意を社会で実現し、そうして社会に奉仕することも一種の「まつり」なのです。神社の仕事はその祭りを行うことと、そのための場を整えることです。

古代の祭りは神籬《ひもろぎ》（榊《さかき》などの常緑樹）や磐座《いわくら》（自然石）に神霊を迎え、終われば送り返すというものでした。やがて社殿ができ、神様が常在するようになりましたが、この祭祀の本質は変わっていません。

神社自身が行う祭り

大祭《たいさい》	例祭《れいさい》、祈年祭《きねんさい》（２月17日）、新嘗祭《にいなめさい》（11月23日）、式年祭《しきねんさい》、鎮座《ちんざ》祭《さい》、遷座祭《せんざさい》、合祀祭《ごうしさい》、分祀祭《ぶんしさい》、神社に特別の由緒ある祭祀
中祭《ちゅうさい》	歳旦祭《さいたんさい》（元旦）、元始祭《げんしさい》（１月３日）、紀元祭（２月11日）、昭和祭（４月29日）、神嘗奉祝祭《かんなめほうしゅくさい》（10月17日）、明治祭（11月３日）、天長祭（２月23日）、その他これに準ずる祭祀及び神社に由緒ある祭祀
小祭《しょうさい》	大祭及び中祭以外の祭祀

神社で行われている祭祀は大きくわけて、神社自身が行うものと、氏子《うじこ》や崇敬《すうけい》者の依頼によって行うものの２種類があります。

神社自身が行う祭りについて、全国の約８万社の神社を包括する神社本庁は『神社祭祀規程』で以下の大祭・中祭・小祭に分類しています。ただし、すべての神社本庁被包括神社がこれらの祭祀をすべて行っているわけではありません。

例祭《れいさい》とは、その神社が鎮座《ちんざ》した日や祭神に特に縁が深い日に行われる、それぞれの神社にとって年中で最大の祭りです。祈年祭はその年の豊穣を願い、新嘗祭《にいなめさい》は豊穣を感謝する祭りでいずれも皇室の繁栄と国家・国民の安泰を祈ります。決められた年ごとに行われるのが式年祭、鎮座した日を祝うのは鎮座祭《ちんざさい》、遷座祭《せんざさい》や合祀祭《ごうしさい》、分祀祭《ぶんしさい》は祭神《さいしん》に関わる祭りです。その他、その神社に関わる歴史的・伝統的な祭りも大祭に挙げられています。

また、中祭は、その神社に関わる祭祀以外は、歴代天皇の誕生日などいずれも天皇や皇室の繁栄を祈る祭りです。

神社によっては、１年の半分にあたる6月30日に心身の穢《けが》れを祓う「夏越《なごし》の祓《はらえ》」や、１年の節目にあたる五節供《ごせっく》（１月７日の人日《じんじつ》の節供、３月３日の上巳《じょうし》の節句、５月５日の端《たん》午《ご》の節供、７月７日の七夕《しちせき》の節句、９月９日の重陽《ちょうよう》の節供）に祭りを行う神社もあります。

このほか、毎月行われる月次祭《つきなみさい》や、神様に毎朝のお供えをする日供祭《にっくさい》は日常行われている重要な祭祀で、一般向けに公開している神社もあります。

氏子や崇敬者の依頼によって行う祭祀としては、生後１カ月ごろのお宮参りや七五三参り、入学や卒業、就職、結婚、還暦や古希《こき》などの人生の節目にかかわる報告祭や祈願祭、儀式のほか、家内安全や商売繁盛、安産、縁結びや厄除《やくよ》けなどの祈願、また、神道式で行われる葬式である神葬祭《しんそうさい》もこれにあたります。建物や土木工事の起工の際に行う地鎮祭や棟上《むねあ》げのときの上棟祭《じょうとうさい》など、神社の外で行う祭祀もあります。

各神社とも独自の由緒ある祭祀があり、例えば出雲大社では年間に65を超える祭祀を行っています。このほか、団体や個人による演奏など年間を通して様々な奉納・行事があります。多くの神社が自社のホームページなどで年間の祭祀や行事の日程・趣旨を公開していますので、興味のある祭りを探してみることをおすすめします。

神社の構造・建物

古代の日本では、大木や巨岩、山、滝などの「依《よ》り代《しろ》」に神様が降りるとされ、その周辺は神聖な場所「神奈備《かんなび》」とされていました。祭りを行うときに臨時に設けた祭場を「ヤシロ（屋代）」といい、雨風をしのぐ仮の施設とされました。

これを常設のものとしたのが社殿の発生で、祭りの時期にだけ訪れていた来訪神から、常在《じょうざい》して人々を守る神々へと信仰のかたちも変わっていきました。これを「ミヤ（宮）」といい、建物である「屋（ヤ）」に敬称のミを添えて「御屋《みや》」としたのが語源とされています。さらに仏教建設の影響も受けて社殿が建てられるようになっていきました。これが施設としての神社の始まりです。

神社に祀られている神様の依り代になるものを御神体《ごしんたい》といいます。御神体は御霊代《みたましろ》ともいい、最も神秘であり神聖なものとして本殿の奥深くに奉安《ほうあん》されており、拝観させることはありません。仏像の御開帳をする寺院とは異なる点です。御神体は御鏡《みかがみ》や御剣《みつるぎ》、御玉《おたま》などを奉安する神社が多いですが、古い神社では神奈備《かんなび》の山そのものが御神体となっていることもあります。

神社の背後にある山が信仰の対象になっている場合、山の上などに祀られているお宮を山宮《やまみや》・奥宮《おくみや》・奥社《おくしゃ》といい、ふもとの集落にあるお宮を里宮《さとみや》といいます。山宮へ向かうには労力がかかることから、遥拝所《ようはいじょ》として参拝者の便宜のために設けられたのが里宮の起源とされています。

社殿の様式は、高床式《たかゆか》の穀物蔵の形から発達した「神明造《しんめいづくり》」と、古代の住居の形から発達した「大社造《たいしゃづくり》」の2つに大きくわけられます。

屋根はいずれも切妻造《きりづまづくり》で、本を開いて伏せたように棟から屋根が両側に流れたような形です。屋根の平面部が見える側を「平《ひら》」、三角に見える側を「妻《つま》」と呼び、平の側に入り口がある様式を「平入り」、妻の側に入り口がある様式を「妻入り」といいます。

神明造は伊勢神宮を代表とする様式で平入りになっています。この造りから派生したのが、片方の屋根の平面部が伸びて参拝者のためのひさしになっている「流造《ながれづくり》」で、賀茂神社（京都市）がその典型とされ、神社建築の大半がこの形式です。切妻造の2つの建物を平の方向に前後に連結したのが「八幡造《はちまんづくり》」で、宇佐八幡宮（大分県宇佐市）などに見られます。

大社造は出雲大社を代表とする様式で、妻入りになっています。建物中央に心御柱《しんのみはしら》、建物の正面と背面の中央に宇豆柱《うずばしら》が立ち、入り口は基本的に正面右側にあります。

妻入りで屋根に反《そ》りがなく、内部が前後2室になっているものは住吉大社（大阪市）に代表される「住吉造《すみよしづくり》」、妻入りの入り口にひさしをつけたものは春日大社（奈良市）にみられる「春日造《かすがづくり》」と呼ばれています。

本殿の手前にあり祭祀を行う建物が「拝殿《はいでん》」、その間にある幣帛《へいはく》（供物《くもつ》）を捧げる建物が「幣殿《へいでん》」で、これらが連結している形式を「権現造《ごんげんづくり》」といい、北野天満宮（京都市）や日光東照宮（栃木県日光市）などにみられます。また、拝殿の上に本殿を重ねた2階建てとなっているのが「浅間造《せんげんづくり》」で、富士山本宮浅間《ほんぐうせんげん》大社（静岡県富士宮市）が代表的です。

神社の入り口にある鳥居は神社の神聖さを象徴する建造物です。鳥居の内側は神様が鎮座する御神域《ごしんいき》となります。参道の入り口にあるものを「一の鳥居」とし、多くの神社では、本殿に近づく段階ごとに鳥居が設けられています。山などの自然物を御神体として本殿のない神社の場合、その前に立つ鳥居が神様の存在を示す重要なものとなっています。

天照大御神が隠れた天岩屋《あまのいわや》の前で、八百万《やおよろず》の神々が「常世《とこよ》の長鳴鳥《ながなきどり》」という鶏を鳴かせたときに、鶏がとまった木を鳥居の起源とする説や、インドや中国など海外の寺院にある門を源流とする説もあります。

神社の仕組み・人事編

鳥居の形態として代表的なのは、鳥居の上部の横柱（笠木《かさぎ》）が水平になっている神明鳥居や、この横柱の両端が上向きに反っている明神鳥居です。ほかに、明神鳥居の上に三角の屋根が載ったような形の山王鳥居、朱塗りの稲荷鳥居など特徴的なものもあり、材質や構造などが異なる60種類以上の鳥居があるといわれています。

本殿や拝殿の軒下にかかっている注連縄《しめなわ》も神域と俗界の境《さかい》を示しています。天岩屋に隠れた天照大御神が外に現れたときに、うしろに縄を張って戻れないようにしたという神話が起源とされています。

境内《けいだい》には、祭神と関係の深い神様を祀る摂社《せっしゃ》・末社《まっしゃ》が置かれている神社が多いです。摂社のほうが末社よりも格が高いとされています。

参拝する前には手や口をすすいで清めなければなりません。境内には必ずそのための手水舎《てみずや》があります。黄泉の国から戻った伊耶那岐命《いざなきのみこと》が河原で汚れた心身を洗い清めた神話に基づいており、神道においてすべてはこの祓《はら》い清めから始まります。

境内にあるすべてのものにこうした由来や意味、歴史があるのです。

神社では、無地の白衣に紫色や浅葱《あさぎ》色（水色）の袴《はかま》をはいた神職が神様に奉仕しています。職名と階位が定められていますので知っておくとよいでしょう。ここでは、全国の神社の99％を包括している神社本庁の規程を紹介します。

神職の職名を「職階」といい、上から「宮司《ぐうじ》」「権宮司《ごんぐうじ》」「禰宜《ねぎ》」「権禰宜《ごんねぎ》」「出仕《しゅっし》」などがあります。「神主」とは神職全般を差す呼称です。巫女は神職に含まれていません。

宮司はその神社の神職や巫女をまとめ、祭祀を執り行う長《おさ》であり、最高責任者です。大きな神社では多数の神職が奉仕していますが、宮司は１人しかいません。会社でいえば社長にあたる役職ですので覚えておきましょう。権宮司は副代表者、禰宜は宮司の補佐、権禰宜は一般職員になります。

文化庁の宗教年鑑によると、２０２０年末の時点で神社本庁の被包括神社は７万８５３５社ですが、神職は男女計２万１４７６人しかいません。このうち宮司は約1万人で、単純に当てはめると６万８０００社以上の神社には宮司がいないことになります。

大きな神社には何人もの神職がいますが、地方の小さな神社には宮司１人しかいないこともあります。神社と神職の数からわかるように、常駐の神職がいない神社も多く、１人の宮司が10社以上の神社を掛け持ちしている場合も少なくありません。祭りのときにだけ大きな神社から神職が派遣されている場合もあります。神職といえば宮司という印象を持つ人もいるのは、神職が1人で奉仕している神社が多いためと考えられます。
神社は基本的にそれぞれが別個の宗教法人であり、宮司は各法人の責任役員の同意に基づいて神社本庁から任命されます。神社本庁の包括神社ではない場合は、それぞれの神社の判断で宮司をはじめとする職階や階位を認定しています。

次に権宮司ですが、神社本庁が「別表神社」として扱う神社のうち、神社本庁から承認を受けた場合にだけ置くことができます。宮司、権宮司とも原則1社1名ですが、別表神社の中には権宮司を複数置いている神社もあります。別表神社とは、戦前まで国が経営していた神社や、由緒や規模を鑑みて神社本庁が選定した神社のことで、その他の神社とは人事面での扱いが異なっています。

その他の神職が禰宜、権禰宜です。出仕はいわば見習い期間の名称で、神社本庁の規程では正式な神職とはみなされていません。

伊勢神宮は特別で、皇族出身の女性が就任する「祭主《さいしゅ》」、大宮司、少宮司、禰宜、権禰宜、宮掌《くじょう》、出仕、出仕前を置いています。

また、神社本庁が認定している神職になるための資格を「階位」といい、神道に関する学識の程度によって5段階あり、上から浄階・明階・正階・権正階・直階となっています（次ページの図参照）。これは神道に大切な「浄《きよ》き明《あか》き正《ただ》しき直《なお》き心」にちなんでいます。

神職になるための資格「階位」

浄階	神職としての在職年数や貢献などを勘案して与えられるもので、通常の方法では取得できません。
明階	別表神社の宮司、権宮司になるために必要な階位で、神道系の大学を出るか階位検定試験を受ける必要があります。
正階	一般神社の宮司、禰宜、別表神社の禰宜になるために必要な階位で、神職養成機関か階位検定講習会を受講するか、階位検定試験を受ける必要があります。
権正階	一般神社の宮司か禰宜になるために必要な階位です。神職養成機関か神職養成通信教育、階位検定講習会のいずれかを受講するか、階位検定試験を受ける必要があります。
直階	一般神社の禰宜になるための階位で、神職養成機関の予科か通信教育、階位検定講習会のいずれかを受ける必要があります。

神職の身分

特級	①神社本庁の統理　②伊勢神宮の大宮司 ③神社本庁規程の表彰を受けた者
一級	①伊勢神宮の少宮司　②同規程の表彰を受けた者 ③浄階で身分選考委員会を経た者
二級上	①伊勢神宮の禰宜　②別表神社の宮司・権宮司 ③二級神職で同選考委員会を経た者
二級	①伊勢神宮の禰宜　②別表神社の宮司・権宮司 ③三級神職で同選考委員会を経た者
三級	①伊勢神宮の権禰宜か宮掌　②権正階以上の階位を有する者
四級	その他の神職

神職の身分がわかる袴の色

特級	袍は黒色。白の袴に白地の紋入り（白固織有紋）
一級	袍は黒色。紫の袴に白地の紋入り（紫固織有紋）
二級上	袍は赤色。紫の袴に薄紫の紋入り（紫固織文藤の丸共緯）
二級	袍は赤色。紫の袴に無紋（紫平絹無紋）
三・四級	袍は紺《こん》色。浅葱の袴に無紋（浅葱平絹無紋）

階位を得るためには、神職養成機関や階位検定講習会の課程を修了するか、階位検定試験に合格する必要があります。

階位とは別に「身分」の制度もあります。上から特級・一級・二級上・二級・三級・四級の六等級で、本人の神職としての経歴や地位、功績、神社本庁への貢献度などを考慮して認定されます。各身分の該当基準は以下のようになっています。

階位と身分は別の制度ですが、神社本庁の規程で一級以上は原則として浄階、二級上と二級は正階以上の階位を持たなければ任命・選考されないとされています。権正階以上の階位で神社に初めて任用されるときは、まずは三級の身分となります。

神職の身分の規程ではありませんが、特級よりも上位の身分として扱われているのが「長老」で、特級を有する神職の中でも最高の功績を認められた者への敬称です。

神職がはいている袴《はかま》の色は身分を表しています。祭祀の際に神職が着用する装束は大祭、中祭、小祭で異なり、上着にあたる袍《ほう》の色も身分に応じて定められています。

祭祀の祭の女性神職の装束は表着などが男性とは異なっています。また、巫女は赤色の袴をはいていますが、神職ではなく、階位や身分もありません。養成機関や検定講習会、検定試験などを受ける必要はなく、ハローワークなどでも募集されています。

神社の仕組み・女性編

地方の過疎化などから神社の数は全国的に減少傾向が続いていますが、神職の人数はこの20年で増えており、特に目覚ましいのは女性神職の増加です。

神職＝男性のイメージを持つ人も多く、女性の神職と巫女を混同する人もいますが、現在の神道では巫女はあくまでも神職の補助者であって神職ではありません。

文化庁が毎年発行している宗教年鑑によると２０２０年末の時点で神社本庁包括神社の神職は２万１４７６人でした。２０１０年末の２万１７１８人より２４２人減っていますが、２０００年末の２万１３３０人よりも１４６人増えていました。ところがコロナ禍を経て、２０２２年末では２万１１２９人となり、再び減少へと転じました。

しかし、この間も女性神職の数は増え続けてきました。２０２２年末の女性神職は２０２０年末から７０人増の３６９７人で、この間に４１７人減った男性とは対照的でした。２００２年末からの２０年間では男性は１５０９人減でしたが、女性は１１７７人増えています。コロナ禍以前まで全体で増加となっていたのも女性神職が増え続けてきたからです。２０２２年末の女性神職は全体の17・５％ですが、女性の神道への関心が高まり、その役割も大きくなってきていることがうかがえます。

女性が宮司《ぐうじ》を務めている神社もあります。男女とも宮司を代々受け継いできた社家《しゃけ》の出身者が多いのですが、社家出身でもなく自分の意思で養成機関に入り、神社で奉職を続けているうちに地域の氏子に認められ宮司に就任するまでになった人もいます。

一方で、代々神職を務めてきた社家出身であっても氏子や神社本庁が女性が宮司を継ぐことを認めなかった事例もあります。存続が危ぶまれる地方の小さな神社では宮司就任が認められても、規模の大きな神社ではなかなか認められないとの指摘もされています。

社家出身でない女性神職も増えていますが、力仕事や宿直などもあり、それまで女性神職のいなかった神社では受け入れ態勢が整っていない事情があります。男性神職や氏子の中には抵抗感を持つ人も少なくないため、奉職先の神社がなかなか見つからない現実もあります。女性神職の地位をどうしていくのかは、神社界の課題でもあります。

近世までは神社の祭祀に女性神職が深く携わり、祈祷やお祓いなどの神事を行い、現在の宮司の立場を担った女性もいました。しかし、1902（明治35）年の「官国幣社及神部署神職任用令」「府社県社以下神社神職任用規則」により神職は「年齢二十年以上ノ男子」と規定され、女性は神職になることはできなくなりました。

また、神霊の意を託宣《たくせん》する呪術的な能力を持つ女性を巫女《みこ》といい、近世までは神を司祭する立場にもありましたが、近代以降は男性神職がそうした役割を担うようになり、巫女は神職を補佐して祭祀や社務を行う立場となって今日に至っています。

神職への道が再び女性にも開かれるようになったのは戦後になってからです。戦後すぐに発足した神社本庁は女性神職の任用を認め、宮司の任用資格からも「男子」の文字が省かれて、女性も宮司となることができるようになりました。

戦争中は神職の家系からも男性は出征し、戦死した人も少なくなかったために、神社においても跡継ぎが不足する問題に直面していました。戦後の混乱期に、荒廃した神社の立て直しに女性神職が大きく貢献したことは間違いありません。各地に女性神職会がつくられ、１９８９（平成元）年には全国女子神職協議会が発足しています。

神社に女性神職がいることで、一般女性の職場や家庭、出産や子育ての悩みを相談しやすいとの声もあるそうです。氏子が減っていることなどから神社の経営は厳しくなってきていますが、お守りをカラフルにしたり、境内に人々が集えるカフェを設けたり、女性神職のアイデアを生かした取り組みも広がっています。

天岩屋《あまのいわや》に隠れた天照大御神《あまてらすおおみかみ》を外に誘い出し、天と地に再び光が戻るきっかけとなったのは女神である天宇受売命《あめのうずめのみこと》の踊りでした。現代においても、女性神職の活躍が、神社界に新たな光をもたらすきっかけになるのではないでしょうか。

神社本庁を基本とした仕組み

日本にある神社は基本的に一社ごとに宗教法人として登録されており、その数は7万8878社にもなり、コンビニよりも多いといわれています。そのうちの99％を超える7万8535社を包括しているのが神社本庁です。

明治維新以降、国家に管理されていた全国の神社は、戦後、日本国憲法に信教の自由と政教分離の原則が明確に打ち出され、連合国軍総司令部（GHQ）によって国家の管理から切り離されました。

その約8万社の神社を包括する団体として1946（昭和21）年に発足したのが神社本庁で、大日本帝国の神職養成機関であった皇典講究所と、神職団体である大日本神祇会、伊勢信仰の教団である神宮奉斎会の3つの民間団体の合同で設立されました。

神社本庁としての活動の精神は、1980（昭和55）年に成立した「神社本庁憲章」の冒頭の3条に顕著に現れています。

【第一条】神社本庁は、伝統を重んじ、祭祀の振興と道義の昂揚を図り、以て大御代の彌栄を祈念し、併せて四海万邦の平安に寄与する。

【第二条】神社本庁は、神宮を本宗と仰ぎ、奉賛の誠を捧げる。
2　神社本庁は、神宮及び神社を包括して、その興隆と神徳の宣揚に努める。
【第三条】神社本庁は、敬神尊皇の教学を興し、その実践綱領を掲げて、神職の養成、研修、及び氏子・崇敬者の教化育成に当る。

神社本庁が発行している『神社本庁規程類集』は、宮司や職員の在職年数の計算方法や職員給与規程、神職養成機関や検定に関する規程、神職の階位や身分の検定や授与に関する規程、懲戒規程など神社本庁や神社の人事に関わる内容や、祭式の作法や祭祀の前に心身を清める斎戒の作法、祭祀における服装規程など祭祀に関するもの、神社の明細帳や盗難・火災予防についてや、参拝者の激増への対策など神社の実務に関わるものまで、細かい規程を定めています。

それぞれの神社は別個の宗教法人ですが、それぞれがこうした規程を設けて運用するのはかなり困難で、神社本庁の規程に必ずしも文字どおり従う義務はないものの、基本的にこの規程を参考に運営している神社が多いようです。

神社本庁以外にも、京都を中心とする神社78社を包括する「神社本教」や、広島県内の神社を中心に72社で構成している包括団体「神社産土《うぶすな》教」、北海道の神社60社を包括する「北海道神社協会」など、文部科学大臣の認証を受けている神社神道系の包括宗教法人は14団体あります。国家管理だった戦前の神社の規程の関係で別組織を結成していた団体が、戦後も別組織として存続している包括宗教法人が主で、これらの神社としての性格は神社本庁の神社とほとんど変わりません。

金刀比羅宮や伏見稲荷大社、日光東照宮や気多大社、富岡八幡宮、靖国神社など有名神社でも神社本庁との包括関係になく、単立宗教法人として運営している神社もあります。財産の管理や宮司の人事などにからんで神社本庁と対立し、訴訟になるなど騒動の末に離脱した神社もあります。

神社本庁の関係団体に神道政治連盟があり、神道政治連盟国会議員懇談会には衆参国会議員の大半が所属しています。憲法や皇室典範の改正などを訴えており、同性婚や選択的夫婦別姓制度の導入には「伝統的な家族観を破壊する」などとして反対しています。しかし、被包括関係にあるすべての神社が関わっているわけではなく、神道という宗教そのものにそのまま合致するということでも、神社界全体の総意ということでもありません。

神社の種類

神社には「神宮《じんぐう》」「宮《みや》」「大社《たいしゃ》」「神社《じんじゃ》」といった異なる呼び名があります。これらを「社号」といい、祀られている祭神や神社の格《かく》によって定められています。

【神宮】伊勢神宮の正式名称が「神宮」で、伊勢の皇大神宮《こうたいじんぐう》（内宮《ないくう》）と豊受大神宮（外宮《げくう》）の総称です。単に「神宮」と呼ぶ場合は伊勢神宮を指します。別格の存在であることがわかります。ほかに、熱田神宮や鹿島神宮、橿原《かしはら》神宮など、皇室の祖神や歴代天皇、皇室と縁の深い神を祭神とする神社を「○○神宮」と呼び、全国に計24社あります。

【宮】皇族と関係の深い神社で、天皇家の男系子孫を祀る神社や、徳川家康の日光東照宮や菅原道真の天満宮など、歴史的な重要人物を祀る神社にも「宮」が使われています。

【大社】単に「大社」と呼ぶ場合は出雲大社を指します。やはり別格の存在ということになります。ほかに、伏見稲荷大社や諏訪大社など全国にある神社の総本社や、戦前や江戸時代以前に高い社格を与えられていた神社に「大社」が使われ、全国に計24社あります。

【神社】一般的な社号であり、神社の総称です。

また、地域にある神社を「氏神《うじがみ》」「産土神《うぶすながみ》」とも呼びます。

【氏神】本来は祖先神や祖先が祀っていた、その氏族と関係の深い神のこと。共同体が氏族だけでなく地縁的な関係になってくると産土神が氏神となりました。

【産土神】「ウブス」は生む、「ナ」は土地を指す言葉で、生まれながらに守ってくれるその土地の神のこと。

神社の名称に加えて「一宮《いちのみや》」や「総社（惣社）」と称している神社もあります。

【一宮】平安末期から中世にかけて国ごとに定められた社格で、国内で最重要の神社から一宮、二宮《にのみや》、三宮《さんのみや》といった格付けがされました。中央から派遣された国司《こくし》が参拝する順序になりました。

【総社（惣社）】地域の神社の祭神を集めて祀った神社で、一国の重要な祭神を集めた神社を特に総社（惣社）といいます。中央の都から赴任した国司が国内の神社を参拝するときの便宜のために造営され、国司の近くや一宮に置かれました。

「神社」ではなく「明神《みょうじん》」や「権現《ごんけん》」と称している場合もあります。

【明神】平安時代に定められた社格である「名神《みょうじん》」に対して、「明神」は祭神の神徳《しんとく》を称える尊称。「名神」は中世以降は使われなくなっていきました。特に全国的な崇《すう》敬《けい》を得ている神には「大明神」の尊称が用いられ、神仏習合《しんぶつしゅうごう》の時代の仏教的な神の称号のひとつともされています。稲荷大明神や春日大明神、神田明神など。

【権現】仏・菩薩が生きとし生けるもの（衆生《しゅじょう》）を救うために仮の姿で現れることで、神仏習合の時代に、日本の神々を仏・菩薩の仮の姿ととらえる「本地垂迹説《ほんじすいじゃくせつ》」から出たもの。熊野三所《くまのさんじょ》権現、山王《さんのう》権現、東照《とうしょう》大権現など。

実在の人物が神様に

日本には実在した人物を神として祀る神社が多数あり、祭神は皇族や貴族、政治家、学者、武士や軍人など多岐にわたります。

古来、日本人は、あらゆるものの中に神霊の存在を感じて崇《あが》めてきましたが、亡くなって霊となった人が誰でも神として祀られてきたわけではありません。「カミ」とは霊的存在の中でも特に強力なものに対して与えられてきた名辞であり、カミとされてきたのは突出して強力な力をもつ霊なのです。

奈良時代から平安時代にかけて多いのは、冤罪や陰謀で天皇や役人、武将が無念のうちに亡くなった後に、疫病《えきびょう》がまん延したり、落雷が多発したりすると、怨霊《おんりょう》による祟《たた》りであるとして、鎮《しず》めるために祀られて神様になった人々です。当初は祟りが恐れられましたが、やがて力の強いありがたい神様として崇められるようになっていきました。災害を引き起こす自然が恵みももたらすように、カミには二面性があり、大きな祟りを及ぼす強力な怨霊が、疫病や落雷などの災いから守る神にもなるという信仰です。

この段階では人間が神になっているのではなく、あくまでも怨霊を祀るというものでした。人間をそのまま神として祀るのは「吉田神道《よしだしんとう》」による新しい見解です。

室町時代の後期に成立した吉田神道は、朝廷の祭祀に関わっていた吉田兼倶《よしだかねとも》が、応仁の乱で廃墟となった京都で新たな神道を説いたもので、朝廷や有力な大名に浸透していきました。天下人である豊臣秀吉が豊国《とよくに》大明神、徳川家康が東照大権現として祀られたのも吉田神道の意見によるものでした。

明治維新以降は、楠木正成《くすのきまさしげ》など天皇のために忠義を尽くした武将を祀る湊川《みなとがわ》神社（神戸市）のほか、日露戦争の旅順攻囲戦《りょじゅんこういせん》で司令官として武功《ぶこう》を立て、学習院の院長として昭和天皇の教育にもあたった乃木希典《のぎまれすけ》を祀る乃木神社（東京都）など、天皇や国家のために働いた人物を神様とする神社が激増しました。

明治維新で命を落とした同志を慰霊し、その遺志を伝えるために創建された東京招魂社《しょうこんしゃ》は、1879（明治12）年に「靖国神社」に改称しました。西南戦争など国内の戦役や、日清・日露以降の対外戦争における戦死者や戦傷病死者らをそのつど合祀《ごうし》しています。東京大空襲などで死亡した民間人は対象ではなく、祀られているのはあくまでも戦争に携わって亡くなった人です。戦後、東京裁判によって戦争指導者としてA級戦犯とされた東條英機《とうじょうひでき》らも合祀され、政治的な問題としてくすぶり続けています。

どのような人物が神様として祀られるのか、時代とともに大きく変化しています。日本の歴史に深く関わっており、神道そのものの変遷を象徴しています。

神社の系列

神社には祀られている神様によって系統があり、神社の名前を見ればどの神様が祀られているのかがおおよそわかるようになっています（詳しくは第4章を参照）。

神社はもともとは氏族の祖神や地域を守る神様を祀る場でしたが、都市が発展するなどで社会が大きくなると、血縁や地縁といった閉鎖性や地域性を超えて霊験《れいげん》あらたかな神様への信仰が広がり、その分霊を近所に祀る勧請《かんじょう》も盛んに行われました。それぞれの系統には総本社《そうほんしゃ》がありますが、統括していたり所属していたりするわけではありません。

八百万《やおよろず》の神々を崇めてきた日本人は、複数の神々を同時に祀ることが多く、統計上には表れない信仰の広がりと厚みがあることが見てとれます。

日本を牽引してきた2大神社

日本を代表する神社といえば、伊勢神宮と出雲大社です。神宮とつく神社も大社と名乗る神社も多数ありますが、「神宮」とだけいえば伊勢神宮、「大社」とだけ呼べば出雲大社というほどの存在です。

伊勢神宮は大きくわけて、日本の最高神である天照大御神《あまてらすおおみかみ》を祀る皇大神宮《こうたい》（内宮《ないくう》）と、大御神《おおみかみ》の食事を司《つかさど》る衣食住の神、豊受《とようけ》大御神を祀る豊受大神宮（外宮《げくう》）からなりますが、全体では125のお宮からなっており、その全体を伊勢神宮と言います。その中で、日本全体を守る総氏神と言われているのが、内宮にある正宮《しょうぐう》です。そこに祀られているのが、天照大御神です。

日本の神社には奈良時代から「大社」「中社」「小社」などの格付けがありますが、伊勢神宮には格はありません。伊勢神宮が祀る天照大御神は最高神であり、その子孫にあたるのが、建国以来途絶《とだ》えることなく代々日本をまとめてきた天皇です。伊勢神宮はまさに別格なのです。

その他の神社の中で最高の地位にあるといえるのが出雲大社です。祀られている大国主神《おおくにぬしのかみ》は日本の国造りをした神であり、天上の高天原《たかあまのはら》から降りてきた天照大御神の子孫に地上の国を譲《ゆず》り、自らは目に見えない幽冥界《ゆうめいかい》を司っています。国譲りの際に、雲を貫くほどの御殿を築いて大国主神を祀ると高天原は約束しました。『古事記』『日本書紀』の神話の時代にまで創建の歴史を遡《さかのぼ》ることができるのが出雲大社です。

現在の本殿は高さ24メートルと巨大ですが、社伝では、最古の時代には本殿の高さが約96メートルあり、何度も倒壊・再建されて48メートルになり、現在の高さに至ったとされています。２０００（平成12）年には境内《けいだい》から本殿遺構が見つかり、巨大な柱材《はしらざい》が出土しました。太さ１メートルの杉の巨木を３本束ねた構造で、社伝の信憑《しんぴょう》性が一気に高まりました。

『古事記』『日本書紀』の神話は、出雲の国造りから天孫《てんそん》への国譲り、天孫が地上に降臨《こうりん》して日本を治めるまでが描かれています。日本のはじまりは伊勢と出雲の物語から始まっているのです。

地上の目に見える世界を治めている天皇の祖神・天照大御神を祀っている伊勢神宮と、目に見えない幽冥界《ゆうめいかい》を司る大国主神を祀る出雲大社は、現在の奈良県にあった大和の朝廷から見てそれぞれ日が昇る東と沈む西の方角にあり、対をなす存在となっています。その位置関係においても陽と陰の関係にあるともいわれています。

その存在の大きさが近代になって大きな論争を巻き起こしたことは第2章で触れたとおりです。伊勢神宮と出雲大社は、古代から現代にいたるまで、その圧倒的な存在感で日本を牽引してきたといえるでしょう。

海外にもある神社

海外で祀られている神社を海外神社といいます。日本人が多く移住した地域には次々と神社が創建され、1600社あったともいわれています。1945（昭和20）年の太平洋戦争の終結で日本の領土ではなくなったためにそのほとんどは廃絶しましたが、現在も崇敬されている神社はあります。

日清戦争の結果、大日本帝国の領有となった台湾に1901（明治34）年に台湾神宮が創建されたほか、台湾各地の公式な神社が68社、非公認の神社は200社以上ありました。

日露戦争を経て１９０５（明治38）年から日本領有となった樺太島（サハリン）南半には約40万人の日本人が住み、１９１０（明治44）年に樺太の総鎮守・総氏神として樺太神社が創建されたほか、未公認社を含め２７０社以上になりました。

日本に併合された朝鮮半島には１９１９（大正８）年にのちの朝鮮神宮が建てられて朝鮮半島の総鎮守とされました。政府公認の社格のある神社が83社、無格社は９１３社もありました。

大日本帝国の領有となった南洋の島々にも、現パラオ共和国に南洋神社（１９４０年）やペリリュー神社（１９４４年）など各地に神社が建てられましたが、１９４５（昭和20）年の終戦までに海外神社のほとんどが廃止となりました。

２０２２（令和４）年現在でもハワイに鎮座しているヒロ大神宮は１８９８（明治31）年創建で、最古の海外神社です。その他、ハワイ出雲大社（１９０６年）やハワイ金刀比羅《ことひら》神社（１９２０年）などが、今も崇敬を集めています。

１９８６（昭61）年には椿大神社《つばきおおかみやしろ》（三重県鈴鹿市）の分社として米カリフォルニア州にアメリカ椿大神社《つばきおおかみやしろ》が創建され、戦後北米初の神社となりました。１９９２（平成４）年にはシアトル近郊に米国人が神流神社《かんながらじんじゃ》を建て、日本の正式な神職の資格を取得して、日本人宮司のもとで禰宜を務めています。

また、出世稲荷神社（松江市）の分祀《ぶんし》であるアメリカ出世稲荷神社は２０１７（平成29）年にＮＰＯとして米国政府から認可を受け、イベントやSNSのコミュニティで神道を紹介しています。ロサンゼルス初となる社殿の建立や、トレーラー内を神社に改造して車で牽引して出張できるモバイル神社の実現のための奉賛金を募っています。

日本人が多数移民したブラジルには熊野大社（松江市）や太平山三吉神社（秋田市）を分祀した神社や遥拝所、パラナ州開拓神社など10社以上が鎮座しています。

日本の武道やアニメ、ゲームや日本観光などを通して神道に接し、関心を持つ外国人も増えています。日本の文化や自然と共生する精神性に注目し、自宅に神棚を置く人もいるそうです。神道について語るオンラインコミュニティもできており、参加してみると日本人とは違った視点から神道に触れることができるかもしれません。

変わる神社

２０２２（令和４）年1月、全国の神社関係者を震撼《しんかん》させるニュースが駆け巡りました。ゆうちょ銀行に小銭を預ける際、以前は無料でしたが手数料がかかるようになったのです。硬貨50枚までは無料ですが、１００枚までは５５０円、５００枚までは８２５円、１０

00枚だと1100円かかるようになりました。例えば1円玉を1000枚預けようとすると1100円かかり、100円の赤字になってしまいます。

神社には1円玉や5円玉などの小銭のお賽銭《さいせん》が大量に投げ込まれます。多くの銀行はすでに有料化されており、全国の神社が頼みにしていたゆうちょ銀行もついに有料化に踏み切ったことで、「神も仏もない」と途方に暮れる神社関係者の声が報道されました。

お賽銭は神社の重要な収入源で、小さな地域の神社ほどその割合は大きくなります。氏子の減少などで多くの神社の年間収入は減少しており、兼業しながら神職《しんしょく》として神社を守る宮司《ぐうじ》も少なくありません。

社殿の修繕費や火災保険料に充てるなど、お賽銭は神社の存続のために使われていますが、お賽銭が入れば入るほど神社の運営が厳しくなるとすれば、硬貨を奉納するお賽銭という習慣の存続も危ぶまれる事態になりかねません。

ゆうちょ銀行では、ATMに曲がった硬貨や外国の硬貨を入れられて故障する事態が毎年のように発生しており、修理費用だけで年間数億円がかかっていたといいます。ゆうちょ側にもやむを得ない事情があるのです。

近年は、現金を伴わないキャッシュレスの電子決済を導入する神社もあります。賽銭箱の近くに描かれたQRコードをスマートフォンで読んで金額を入力して決済したり、クレジットカードで支払ったり、神社によって様々な形式が用意されています。そうした神社では、お守りや御札《おふだ》、祈祷の初穂料《はつほ》も電子決済で支払えるようになっています。

コロナウイルス感染症が広がる前の２０１９（令和元）年は訪日外国人が年間３０００万人を超え、外国人参拝者の多い観光地ではすでにキャッシュレスへの対応を始めていた神社もありました。今後はすべての神社が何かしらの対応を考える必要性に迫られています。

大量の硬貨を両替したい神社と、釣り銭専用の小銭を常に用意しなければならない商店で利害が一致し、硬貨と紙幣を手数料なしで両替するサービスを始めている神社も各地にあります。両替に参加した商店のクーポン券を神社に置くなど、神社にも商店にも参拝者にも「ご利益」があるという取り組みです。神社での両替が三者をつなげるきっかけとなり、新たな関係が生まれていくかもしれません。

本来は米や野菜、魚などの供物《くもつ》を神前に捧げるものでしたが、数百年ほど前から硬貨を供える風習が広がりました。あくまでも神様に捧げるものであり、現金であっても神様からのお下がりとして受け取って活用させていただくものでした。

神社本庁はお賽銭のキャッシュレス化について、包括神社に対して電子決済の導入を禁じてはいませんが、推奨もしていません。神社に行けばお賽銭を入れてお参りをすることが当たり前のようになっていますが、これからどう変わっていくのか、変わっていかないのか、そのことが神社へ参拝するという習慣にどう影響するのか、気になる点です。

お賽銭という習慣が始まったのも数百年前からで、神道の歴史の中ではまだまだ最近からといってもよいでしょう。時代時代の人々の暮らしと密接に関わりながら、暮らしの変化とともに神社も変わってきたのであり、そうした流れのひとつなのかもしれません。

コロナ禍の影響で神社への参拝が難しくなったことから、オンラインでの祈祷祈願や初詣ができるよう取り組んだ神社もありました。Ｚｏｏｍなどのウェブ会議ツールを使って神社と家などをつなぎ、リアルタイムで祈祷祈願のライブ配信を観ることができます。

ホームページからいくつも種類がある御朱印を選び、オンラインで決済をして郵送してもらったり、専用のアプリにダウンロードできたりする神社もあります。御朱印は参拝の印としていただけるものですが、郵送などの場合、「参拝」ではなく遠くの神様に祈る「遥拝《ようはい》」と書いて送ってくれます。

スマートフォンの専用アプリを開き、いただいた御朱印をカメラで写すと画面の中にアニメ化された神職や神様が現れる「御朱印ＡＲ（拡張現実）」を始めた神社や、スマートフォンの画面上でイラスト化された境内を進んでお参りできる「オンライン初詣」を行った神社もあります。

神社をとりまく環境は常に変化し、逆風に吹かれ、大波にもまれて厳しい状況にある神社もあります。しかし、神社はもともと人々の喜びや不安、願いがかたちとして現れたものです。伝統が守られていることによって、変わってはいけないものに気づかせてくれる場であると同時に、時代の変化に合わせて新たな取り組みをしていくことで、これまでになかった人々のつながりがうまれ、新しい何かに気づかせてくれる場でもあるのではないでしょうか。

絶対的な開祖がいるわけでも、教義があるわけでもない神社が残り続け、人々が集う場所であり続けているのは、そうした力があるからだと私は信じています。

コラム

神道を学ぶ場所は？

神職を志す人たちのために神道に関する教育を行っているのが神職養成機関です。大学を含め全国に9つあり、神社神道に対する信仰心と神社奉仕の精神を養うための養成課程をそれぞれ設置しています。在学中に所定の学科目の単位を修め、神社での実習を修了すれば、卒業時に階位が授与されます。

【志波彦神社鹽竈神社神職養成所（宮城県塩竈市）】	普通課程Ⅰ・Ⅱ類
【出羽三山神社神職養成所（山形県鶴岡市）】	普通課程Ⅱ類
【神宮研修所（三重県伊勢市）】	普通課程Ⅱ類
【熱田神宮学院（名古屋市）】	普通課程Ⅱ類
【京都國學院（京都市）】	普通課程Ⅰ類・Ⅱ類、専修課程
【大社國學館（島根県出雲市）】	別科（1年で直階）、本科選科（2年で正階）
【國學院大學（東京都渋谷区）】	高等課程、専攻課程Ⅰ類、専攻課程Ⅱ類、明階総合課程、別科神道専修Ⅰ類（1年で権正階）、別科神道専修Ⅱ類（2年で正階）
【皇學館大学（三重県伊勢市）】	高等課程、専攻課程Ⅰ類、専攻課程Ⅱ類、明階総合課程

【予科】	中学卒業者対象。1年。直階を授与
【普通課程Ⅰ類】	高校卒業者対象。2年。権正階を授与
【普通課程Ⅱ類】	高校卒業者対象。2年。正階を授与
【専修課程】	普通過程Ⅱ類修了、正階所有、短大卒業のいずれか。2年。明階検定合格となり正階を授与
【高等課程】	高校卒業者対象。4年。大学学部に設置。明階検定合格となり正階を授与
【専攻課程Ⅰ類】	大学卒業者対象。1年。大学の神道学専攻科に設置。明階検定合格となり正階を授与
【専攻課程Ⅱ類】	大学卒業者対象。2年。大学院に設置。明階を授与
【明階総合課程】	國學院・皇學館大学の高等課程在籍者で神職課程をすでに修了した者など。6ヵ月。両大学に設置。明階を授与

➡P.280につづく

また、通信教育も行われていますが、奉職する神社が決まっており、その神社のある都道府県の神社庁からの推薦があることなどが条件となっています。

【大阪国学院（大阪市）】	直階を得られる直階課程は１年、 権正階を得られる権正階課程は２年

そのほか、奉職が決まっている神社、神社のある都道府県の神社庁からの推薦があることが必要な階位検定講習会（直階・権正階・正階）、高校卒業していれば誰でも受けられる階位検定試験（権正階・正階・明階）があり、階位ごとに条件が定められています。

養成機関修了者や検定試験合格者は、それぞれの階位に必要な神務実習を各都道府県にある神社や神社本庁で受講するなどで、階位証を得ることができます。階位を持っているだけでなく、任意の神社に奉職することによって、晴れて神職となることができます。

付録

ビジネスエリートとして身につけておくべき

神社参拝のマナー&ルール

お参りの仕方

❖鳥居・神門のくぐり方

鳥居・神門の前でいったん止まり、軽く一礼をしてからくぐります。参拝を終えて境内《けいだい》を出る際も、社殿のほうへ向き直って一礼します。

❖参道《さんどう》の歩き方

参道の中央は「正中《せいちゅう》」といって神様の通り道とされています。参道を進むときは中央を遠慮し、左右のいずれかを進むのが神様への敬意の表れとなります。参道を横切る際は、正中を越える間に軽く頭を下げながら通ったり、正中で神前に向かって一礼してから進むとよいです。

❖手水《ちょうず》

鳥居をくぐって参道を進むと、途中に手水舎《ちょうずや》がありますǝ 水で手を洗い、口をすすいで、神聖な場所に参る前に心身を清めます。

①一礼してから右手で柄杓《ひしゃく》を取り、すくった水を左手にかけて洗う。
②柄杓を左手に持ち替え、右手を洗う。
③柄杓を右手に持ち替え、左手のひらで水を受けて、口をすすぐ。柄杓を口につけてはいけません。水は静かに口の外に出します。口の中を清めるためなので、飲み込んではいけません。
④柄杓の水をもう一度左手に流して洗う。
⑤柄杓を立てて、残った水を柄杓の柄に流して洗い清め、元に戻す。
⑥一礼して手水を終える。

特に新型コロナウイルスまん延の後は、柄杓を置かずに流水になっている手水舎も増えています。

①一礼してから両手を洗う。

手水の仕方

柄杓を右手に持ち替え、
左手のひらで水を受けて
口をすすぎます。
柄杓を口につけてはいけません。

口を清めるためなので、
水は静かに口の外に出し、
飲み込みません。
柄杓の水をもう一度
左手に流して洗いましょう。

柄杓を立てて、残った水を
柄杓の柄に流して洗い、
清めて元に戻しましょう。

②両手で水をため、その水で口をすすぐ。
③両手を洗う。
④一礼して手水を終える。

❖敬礼作法

敬礼の作法には拝《はい》と揖《ゆう》があります。拝《おが》むとは、折れかがむという意味で、身体を折りかがめて礼をすることとされています。揖とは会釈や挨拶のことです。日常の場面でも使われますので覚えておくとよいでしょう。

【拝】最も重い敬礼作法で、90度に腰を折り、およそ3秒間伏したままにします。

揖は深揖《しんゆう》と小揖《しょうゆう》があります。

【深揖】殿内への出入りや神饌・奉幣を献上したり下げたりするときなどに行います。腰を45度に折り、およそ2秒間そのままにします。

【小揖】座につくときや起《た》つとき、階段を上るときや下りるとき、物を受けるときや授けるときなどに行います。日常の会釈やお辞儀にあたります。15度腰を折り、1秒間そのままにします。

❖拍手《はくしゅ》

敬礼作法のひとつで、両手を開いて打ち合わせることです。「柏手《かしわで》」ともいいます。

日本古来の拝礼作法で、3世紀後半の中国の歴史書『魏志倭人伝』や『日本書紀』に、貴人に対する敬礼や、感激、歓喜、喝采など感情を表す作法として行われていたことが記されています。

両手のひらを胸の高さで合わせ、右手を少し引き、両手を肩幅ほどの左右に開いてから打ち合わせます。打つ回数によって「短拍手（1～3回）」「長拍手（4回）」などがあります。

儀式の後の直会《なおらい》で御神酒《おみき》をいただくときなど、物をいただくときに一拍手しますが、これを「礼《らい》手《しゅ》」といいます。また、神式の葬儀のときには音を立てずに偲《しの》ぶように拍手します。これを「忍手《しのびて》」

といいます。

「柏手」ともいわれるのは、「拍」の字を「柏」に誤ったことによる俗称というのが通説です。

❖参拝作法

神前における参拝作法は、二拝二拍手一拝が一般に定着しています。「感謝の心」を捧げてお参りしましょう。

①神前に進んで姿勢を正す。

②賽銭《さいせん》箱の前で会釈《えしゃく》をしてお賽銭を入れる。神様に捧げる供物《くもつ》ですので、ていねいに入れます。鈴があれば鳴らします。

③背中を平らにし、腰を90度に折り、拝《はい》をする。これを2回繰り返す。

④胸の高さで両手のひらを合わせ、右手を少し下にずらす。

⑤肩幅程度に両手を開き、2回手を打って両手のひらを合わせ、指先をそろえる。

⑥最後にもう1回拝をする。

個人的に参拝し、時間があるときは、④の後に声に出さずに祭神の神名を呼んで「ありがとうございます」と感謝を述べ、名前、住所、生年月日を伝えた後に、感謝と神々のご活躍を祈り、自分の願い事や決意、神様に伝えたいことを述べます。団体参拝のときは短めにしましょう。

この作法は神社本庁の『神社祭式行事作法』によるもので、神社の祭祀を司る責任者である宮司の拝礼作法を定めており、神社の祭典に参加する参拝者が行う礼拝作法もすべて宮司拝礼の作法を基準としています。

1907（明治40）年の『神社祭式行事作法』で祭式作法が定められましたが、変遷を経て、二拝二拍手一拝となったのは戦後といわれています。神社の神職には定められた行事作法が徹底されましたが、一般の参拝者にまで広まったのはさらに時代が下り、平成になってからとの指摘もあります。

伊勢神宮の拝礼は八度拝と呼ばれるもので、八回拍手をするので八開手《やひらで》ともいいます。これは神職が行っているもので、一般の参拝者は二拝二拍手一拝でよいとされています。神楽殿で神楽を奉納した際に参拝者も八度拝を行うことがありますが、神職の指示に従えば大丈夫です。

出雲大社や宇佐神宮では二拝四拍手一拝で参拝するなど、拍手の回数が異なる神社もあります。

歴史的には、二拝し、祈念して再び二拝する「両《りょう》段再拝《だんさいはい》」が最も普及した作法でした。

宮司拝礼に準じて正式には「拝」と言いますが、ほとんどの神社では参拝者向けに「二礼二拍手一礼」と案内しています。礼をする気持ちさえあれば、深さは厳密に意識する必要はありません。

儀式での振る舞い方

❖正式参拝

通常は入れない本殿の前や拝殿の中など、特別な場所で行う参拝を「正式参拝」または「特別参拝」といいます。一般の人が入れないより神聖な場所での参拝は、神様と直接向き合っているような緊張感と、生まれ変わったかのような清涼感、充足感に包まれます。それだけに、服装や姿勢など失礼のない態度が求められます。

伊勢神宮では、天照大御神を祀《まつ》る正宮《しょうぐう》を大きく囲む外玉垣《とのたまがき》の南側の門「外玉垣南御門《みなみごもん》」の前で一般参拝者は参拝します。門には御幌《みとばり》が降りており中を見ることはできません。その外玉垣の中に入って行う参拝を「御垣内参拝《みかきうちさんぱい》」といいます。

外玉垣南御門の左側で神職に修祓《しゅばつ》を行っていただき、心身を清めてから外玉垣の中へ入ります。大きな白い玉砂利が敷き詰められている御庭《おにわ》の

「外玉垣南御門」の内側付近、「瑞垣《みずがき》南御門」の正面で参拝をします。団体の場合は御庭の左側に整列し、代表者だけが正中に立ち、全員でそろって拝礼をします。瑞垣南御門の中に入れるのは神宮の神職のほかは天皇・皇后だけです。

社務所《しゃむしょ》で「御垣内参拝《みかきうちさんぱい》」としての受付はしていません。伊勢神宮では20年に一度の遷宮《せんぐう》を行っており、総事業費550億円もかかることから常に寄付金を募集しています。寄付をすると「参宮章」が授与され、本人が一度だけ御垣内参拝ができます。また、伊勢神宮崇敬会《すうけいかい》に入会した人にも授与されます。

出雲大社では、本殿を大きく囲む「玉垣《たまがき》」にある八足門《やつあしもん》の前で一般参拝者は参拝します。この玉垣の中に入り、本殿を囲む瑞垣にある最後の門「楼《ろう》門《もん》」の前まで進んで参拝するのが「正式参拝」です。

八足門の左側から玉垣の中に入り、神職から修《しゅ》祓《ばつ》を受けてから楼門《ろうもん》の前に進み、玉串拝礼《たまぐしはいれい》を行います。団体の場合は少し下がったあたりに全員で整列し、代表者だけが前へ出て行う玉串拝礼に合わせて拝礼します。

神社によっては、拝殿の中で参拝する昇殿参拝を「正式参拝」と位置づけており、社務所《しゃむしょ》で申し込めば拝礼できる場合もあります。それぞれで異なりますので、ぜひにと考えている場合は事前に問い合わせをすることをお勧めします。

❖修祓《しゅばつ》

修祓は、祭祀を行うにあたって、さらに清浄にするために神饌《しんせん》や玉串、奉仕者、参拝者などの罪《つみ》穢《けが》れを祓《はら》う行事です。本殿の前まで進んで参拝するときや、祈祷祈願をするときなど、あらゆる儀式の前に行われます。

祓主《はらえぬし》は参列者の前で祓詞《はらえことば》を奏上《そうじょう》し、大麻《おおぬさ》、塩湯《えんとう》を使って修祓を行います。大麻とは、榊《さかき》の枝や白木の棒に麻苧《あさお》と紙垂《しで》をつけたもので、左右左と振って祓います。塩湯はお湯に塩を溶いたものを、榊の小枝で左右左とふりかけて祓い清めます。

祓いを受ける参拝者は、祓主が祝詞《のりと》を奏上している間は立ったまま60度腰を折って頭を下げ、大麻・塩湯で祓い清めを受けるときは45度で頭を下げます。

修祓の作法は、伊耶那岐命《いざなきのみこと》が黄泉《よみ》の国から戻り、身につけていたものを投げ捨てることによる祓《はらえ》と、海水に身を浸すことによる禊《みそぎ》を行った神話に基づいています。大麻と塩湯が用いられるのはそのためです。

この作法は神社本庁の『神社祭式行事作法』によるもので、この行事が整えられたのは明治以降です。それ以前は様々な方法で行われ、麻や榊を細かく切って米とまぜてまく「切幣《きりぬさ》」を用いるなどの作法が現在でも存在しています。

❖右足から？ 左足から？

正式参拝や昇殿《しょうでん》参拝をするときに、階段の上り下りは右足からか左足からか、立ち上がるのはどちらの足からかなどと迷うことがあるかもしれません。

神様により近い神聖な場所での参拝で緊張するのは自然なことです。特に団体での参拝では、大勢の人に立ち居振る舞いを見られることになります。神職には神様に最高の敬意を表す作法が定められています。参拝者には厳密に求められることはほぼないので気にする必要はありませんが、作法を知っておくと、より落ち着いて神様に向き合えるのではないでしょうか。

祭祀を行う斎場には上位と下位があります。神様のいる御神座《ごしんざ》が前方中央にあり最も尊く、神前に近いところが上位で、遠いところが下位になります。斎場の正面に向かって左寄りでは、右が上位、左が下位で、右寄りでは逆に左が上位、右が下位になります。前後では常に前が上位、後ろが下位です。

また、御神座の中心から正面前方に向かって直角に伸びた線を正中といいます。正中ではその線上が最上位、正面に向かって右側が次、左側はその次になります。

最初の一歩をどちらから始めるかの基本原則は次のとおりです。

・前へ進むには下位から、後退《あとずさ》りするときは上位から。

・座った状態から起《た》つには下位から、座るには上位から。

例えば、斎場の左端を正面へ進むときは下位の左足から始め、左端から正中へ進むときは体を右に向けるので正面から遠いほうになる下位の右足から踏み出します。

正中の線上を進むときは、下位の左から、後退《あとずさ》りするときは上位の右からです。正中で起つときは本来とは上下が逆で、正面を向いて上位の右から立ち、坐るときは下位の左からです。

このようにして御神座の前へ進んで参拝し、後《あと》退《ずさ》りします。

斎場の右端から下がる場合、正中から右方向へ、神様になるべく背を向けないよう上位の右足から後退《あとずさ》りして右端まで行きます。左足から反時計回りに体を反転させて御神座とは反対を向き、下位の左足から進みます。

正中から左端へ退く場合は、体を右へ向けて後退りするので正面に近い上位の左足から退いて左端まで行きます。時計回りに反転して御神座とは反対を向き、下位の右足から進みます。

❖玉串拝礼

玉串とは、みずみずしい榊《さかき》の枝に木綿《ゆう》と言われる麻や、紙垂《しで》を取りつけたもので、本殿の前や社殿の中など特別な場所で参拝する「正式参拝」をするときは、神前《しんぜん》で玉串拝礼をします。祈祷祈願の際にも神前に玉串を捧げることがあります。

①榊の根本を右手で上から、葉先の付近を左手で下から支えて受け取る。胸の高さに、葉先である左を少し高くして持つ。肘《ひじ》を少し伸ばし気味にするときれいな姿勢になります。

②浅めのお辞儀《じぎ》をして進み出て、玉串案《あん》の前で正中に立ち、足をそろえて深めのお辞儀をする。

③玉串を時計回りに90度回し、左手を下げて両手で根本《ねもと》を持ち、玉串を立てて祈念する。

④玉串の根本を左手で持ち、右手で玉串の中ほどを下から支え、玉串をさらに時計回りに90度回して根本を神前に向け、左手を右手の下になるように持ち替える。

⑤玉串案の上に玉串を供える。

⑥二拝二拍手一拝の作法で参拝する。

⑦最後に神前に深くお辞儀をして退く。

❖参拝時の服装

御神前は最も敬意を表すべき場所とされています。服装は心の表れともいわれますので、参拝をする前に意識しておくとよいでしょう。

普段は自由な服装で参拝しても問題ありませんが、神前ではマフラーや帽子、ヘッドホンやサングラスを外し、カバンは肩から下ろして足元などに置いて、失礼のないようにお参りしましょう。

特に社殿の中など特別な場所で参拝する正式参拝や、祭典に参列する場合は、男性は黒や濃い紺色のスーツにネクタイ着用、女性も同等の服装にしましょう。ネクタイは白や明るい色がよいとされています。

服装があまりにもふさわしくないとみられると、神社によっては参拝を断られる場合もありますし、そのときは何も言われなくても次回から断られることもあります。いただいたご縁を大切にするためにも、服装には気をつけましょう。

祈祷を受けられる際は、スマートカジュアル、ビジネスカジュアル程度にドレスダウンしてもよいとされています。旅先では軽装になりがちですが、正式参拝を予定している場合はジャケットを羽織《はお》り、サンダルではなく革靴を用意しておくなど、対応できる服装を準備しましょう。

初穂料と玉串料の違いは？

初穂料《はつほ》の「初穂」とはその年に初めて収穫された稲穂、つまりお米のことです。農業で国を築いた日本では、収穫の時期に神様に初穂を供《そな》えて実りを感謝する習慣が根づいています。

他にも野菜や果実、魚介類などの初物も同じように供えました。初穂・初物は神様にお供えし感謝の気持ちを表しますが、初穂・初物は手に入らないこともあります。やがて農作物の収穫期とは無関係になり、「初穂」の意味は変化して、「初物」だけでなく。「神への供物《くもつ》」全般を表すようになりました。

初穂・初物の代わりとして、神前に感謝の意をこめてお供えする金銭のことを、初穂料というようになり、神社で行う祈祷祈願や祭事の御寄進《ごきしん》として供えられています。商工業者など職業によっては食べ物を扱わないことから、代わりに金銭を納めるようになったと考えられています。

また社務所で御札《おふだ》や御守りを求めるときのお金も「初穂料」です。物品の販売をすると営利目的となり税金を収めなければなりませんが、宗教法人である神社は初穂料に対する授与品として御札や御守りを授けているという位置づけです。

こうしたことから、初穂料は感謝の意を表すものなので弔意《ちょうい》を持って臨《のぞ》むお葬式には不向きといえます。

「玉串」とは常緑広葉樹の榊《さかき》の枝に白い紙垂《しで》や木綿《ゆう》をつけて、神前に捧げるものです。古くから神がやどる「依《よ》り代《しろ》」として神事の際に用いられてきました。玉串や神饌《しんせん》などの供物は、本来ならば参拝者が用意します。それができない場合には、神社側が用意し、その謝礼金として玉串料を奉納するようになりました。

　玉串料とは、正式参拝や祈祷《きとう》あるいは祭典に参列するにあたり、神前に玉串を捧げることから、謝礼金を包むのし袋に表書きの名目として使用されるようになりました。なお、この玉串料という表書きは、慰霊祭などの霊祭や弔事の際にも使用できます。

祈祷祈願料や奉納金の書き方

初穂料や玉串料を奉納するときに、宿泊したホテルの封筒に小銭をたくさん入れていたり、弔事用ののし袋だったり、書き方が間違っていたりすると失礼にあたります。私も初めてのころは、初穂料と玉串料の違いがわからなかったり、書き方も自信がなかったりしたのですが、神職の方々に教えていただき基本の書き方などの大切さを知りました。

　神社で祈祷祈願などを受ける際には、食べ物などを捧げる幣帛《へいはく》の代わりとして金銭をお供えすることが多いです。その金銭を入れるのし袋は水引《みずひき》が紅白や金銀、紅金《こうきん》のもので、蝶結びのものを選ぶとよいです。何度でも結び直せるということで、神社への奉納にはよいでしょう。

　のし袋を用意できずに封筒に入れて奉納する場合は、縦型で白い無地の封筒にします。郵便番号欄が印刷されている封筒、横向きの封筒、模様やイラストの入った封筒は使わないほうが望ましいでしょう。

祈祷祈願料や奉納金の書き方

食べ物やお酒を奉納する
ときにはのし紙を 使い、
奉納　や　奉献　と記します。

封筒で奉納するときには

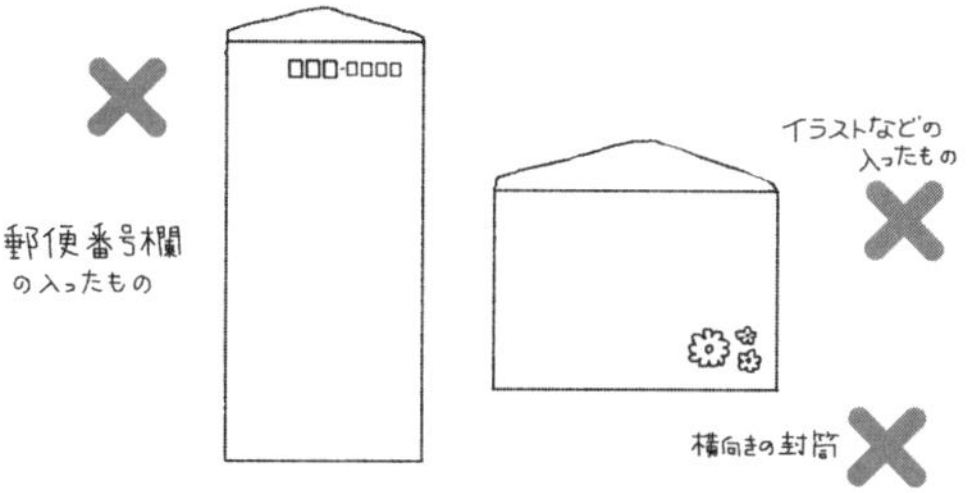

のし袋の上部は、
感謝を示すときには　初穂料、
神式のお葬式のときには　玉串料
と記します。

のし袋の上部には「初穂料」「玉串料」と書きます。酒や食べ物を奉納《ほうのう》するときは、のし紙をつけて「奉納」「奉献《ほうけん》」と書きます。神式のお葬式である神葬祭《しんそうさい》には「玉串料」と書き、感謝を示すときに使う「初穂料」は避けましょう。また、神社へののし袋には、「お布施」は使いません。

のし袋へのお金の入れ方と書き方

❖のし袋へのお金の入れ方

神社に奉納する玉串料ののし袋への入れ方は、一般的なのし袋のマナーと同じです。玉串料や初穂料、結婚式などの慶事では、「この日のために用意していました」という意味で、新札《しんさつ》を入れるのが基本です。逆に弔事《ちょうじ》に新札を使うのはタブーとされています。弔事の玉串料にやむをえず新札を使う場合は、お札《さつ》に折り目をつけてください。

❖のし袋の書き方

のし袋に書く筆記用具は筆や筆ペンを使いましょう。ボールペンでは失礼にあたります。のし袋は水引の結び目より上側を「上段」、下側を「下段」といい、上段には玉串料や初穂料などの名目を大きめに縦書きで、下段には送り主を縦書きで書きます。

送り主が1人の場合は名前を姓名で、上段の名目よりも少し小さめに書きます。水引とのし袋のサイズや位置を考えて、文字の大きさや字数などバランスよく配置するときれいに見えます。

2名連名で書く場合は、年長または格上の人が右側になるように書きます。友人同士で連名にする場合は五十音順に右から書きます。どちらの場合でも文字は同じ大きさで書きます。夫婦の場合、姓名で夫の名前を中央に書き、その左側に妻の名を夫の名の位置に合わせて書きます。妻は姓を書かず、名だけを書くほうが好ましいようです。子ども含む場合は、のし袋の中央に夫の名を書き、左側に妻と子どもの名を記します。順序をどうするかはそれぞれの家庭によりますので、厳密に意識する必要はありません。

3名連名の場合も、2名連名のときと同じように3名のうち年長者や位が上の人を中央に書き、その左に残りの2名を年長者や位が上の人から順に書きます。位や年の上下がない場合は、五十音順で全員同じ大きさの字で書きます。

4名以上の場合は、代表者1名の姓名を中央に書き、左側に「他一同」とします。「他一同」は、代表者よりも小さい文字で書きます。代表者を含む送り主全員の姓名を、できれば最高級と言われる公的和紙の奉書紙《ほうしょ》か和紙または普通の紙に書き、中袋にお金と一緒に入れます。

会社名などを入れる場合、送り主が1人の場合は、送り主の姓名を中央に書き、右側に会社の正式名称を書きます。送り主が複数の場合は中央に代表者1名の姓名を書き、左側に「他一同」と書いて、右側に会社の正式名称を書きます。「他一同」と会社の名称は代表者の姓名よりやや小さめに書きます。

おみくじとは？

おみくじは、その日の神様からのメッセージでもあります。参拝し手を合わせた後に、お言葉をいただきたいのでよろしくお願いいたしますと祈って引くとそのときの自分へのメッセージがいただけます。いただいたおみくじは、本来は持ち帰るものとされています。御守《おま》り代わりに携帯するのもよいでしょう。神社によっては結びつける場所を境内《けいだい》に用意していますので、「ちょっと御祓《おはら》いしてもらいたい」というものが出たら結ぶのもよいようです。

持ち帰ったおみくじや御守り、御札《おふだ》などが古くなった場合は、いただいた神社へお返しするとよいでしょう。神社に行くと古札をお返しするところがあるので、そこに御返しすればお焚《た》き上げしてもらえます。また、遠くて直接返せない場合はその神社に送ったり、近くの神社などの古札納所に納めお焚き上げしていただくのもよいでしょう。

正月飾りはどうすればいい?

門松《かどまつ》など松飾りや熊手《くまで》といった正月飾りは、いつまで飾り、その後どうすればよいか迷う人も多いようです。

正月のお祝いの期間が明けることを「松の内が明ける」といいます。「松の内」とは玄関前に門松を飾る期間のことで、関東では1月7日まで、関西では15日までといった地域による違いがありますが、その翌日から松の内が明けますので正月飾りを外しましょう。

7日や15日に各地域の神社などで「どんど焼き」が行われている場合は、正月飾りを持参してお焚《た》き上げをしてもらえます。どんど焼きとは、古くなった御守《おまも》りや御札《おふだ》、破魔矢《はまや》や、門松やしめ縄、熊手など外した正月飾りをお焚き上げする火祭《ひまつり》で、1年の無病息災《むびょうそくさい》を祈る儀式です。地域によっては「左義長《さぎちょう》」「三九郎《さんくろう》」などと呼ばれています。

取り外した正月飾りはこの日までは自宅で保管することになりますが、紙に包んでおくなどして、ゴミ扱いにならないよう気をつけましょう。

「どんど焼き」をしていない神社でも、御守りや御札のようにお焚き上げをしてくれる場合があります。時期を過ぎてしまった場合にも問い合わせをしてみるとよいでしょう。

地域によっては学校の校庭や河川敷《かせんしき》などで「どんど焼き」を行っている場合もあります。地元の役所が案内していますので相談してみましょう。

【参考文献・サイト等】

『プレステップ　神道学』　阪本是丸・石井研士編　弘文堂
『神道事典』　國學院大學・日本文化研究所編　弘文堂
『日本神道史』　岡田莊司編　吉川弘文館
『神々の明治維新　神仏分離と廃仏毀釈』　安丸良夫　岩波新書
『神道とは何か　神と仏の日本史』　伊藤聡　中公新書
『国家神道と日本人』　島薗進　岩波新書
『教養としての神道　生きのびる神々』　島薗進　東洋経済新報社
『神々と生きる道』　工藤伊豆　東京新聞出版局
『日本史リブレット　民衆宗教と国家神道』　小澤浩　山川出版社
『千年、働いてきました　老舗企業大国ニッポン』　野村進　角川oneテーマ21
『ビジネスエキスパートがこっそり力を借りている　日本の神様』　道幸龍現　サンマーク出版
『「戦前の正体」　愛国と神話の日本近現代史』　辻田真佐憲　講談社現代新書
『教養として学んでおきたい神社』　島田裕巳　マイナビ新書
『宗教は国家を超えられるか　近代日本の検証』　阿満利麿　ちくま学芸文庫
『徹底検証　神社本庁　その起源から内紛、保守運動まで』　藤生明　ちくま新書
『〈出雲〉という思想』　原武史　講談社学術文庫
『禮法要項　義要』　文部省作法要項調査委員・東洋国書
『儲かっている社長はなぜ神社に行くのか？　仕事の神様大事典』　瀧音能之監修　宝島社
『よくわかる日本神道のすべて』　山蔭基央　講談社＋α文庫
『面白いほどよくわかる　神道のすべて』　菅田正昭　日本文芸社
『昭和天皇』　原武史　岩波新書
『日本の神々　神徳・由来事典　神話と信仰にみる神祇・垂迹の姿』　三橋健編著　学習研究社
『神戸・生田の杜から日本を考える』　加藤隆久　アートヴィレッジ
『仏像破壊の日本史　神仏分離と廃仏毀釈の闇』　古川順弘　宝島社新書
『八百万の神々　日本の神霊たちのプロフィール』　戸部民夫　新紀元社
『日本の神々の事典　神道祭祀と八百万の神々』　薗田稔・茂木栄監修　学研
『全国神社祭神御神徳記』　岡田米生　神社新報社
『日本の神々　「先代旧事本紀」の復権』　上田正昭・鎌田純一　大和書房
『神社本庁規程類集』　神社本庁編　神社新報社
『神道辞典』　安津素彦・梅田義彦監修　神社新報社
『古語拾遺』　西宮一民校注　岩波文庫
『古事記　全訳注』　次田真幸　講談社学術文庫
『古事記　現代語訳』　古事記普及委員会

國學院大學「古典文化学」事業
https://kojiki.kokugakuin.ac.jp/

おわりに

多種多様で堅苦しさも押しつけがましさもないのが魅力の八百万の神々の世界ですが、知れば知るほどその魅力が際立ってきます。

難しい話になりすぎて敷居が高くなってしまっては本来の魅力が薄れてしまいかねず、しかし、もっと知りたいという好奇心にもおつきあいいただきたい。本書はそのバランスに気をつけながらまとめたつもりです。

本書執筆にあたり改めて学び直していくうちにすっかり〝沼〟にはまり、書き上げるまでに3年近くもかかってしまいました。このまま夢中になって抜け出せなくなるのではないかと不安にもなりましたが、はまったおかげでよりよいものにできたと思っています。八百万の神々は沼にももちろんいるわけで、がんばればやはり恵みをいただけるのだと感じているところです。

◯神社をお参りする人が増えている

近年、神社にお参りする人が増えています。神社によっては、参道を歩く人の姿が絶えることなく、拝殿の前やお守りのお授け所には長い行列ができています。

参拝を終え、鳥居の外で振り返っておじぎをする姿も珍しくありません。観光地として訪れるだけでなく、神域に入るということを意識した立ち居振る舞いを自然にできる人が増えているようにも感じます。

例えば、日本を代表する神社の伊勢神宮（三重県伊勢市）は、社殿を新しくする20年に1度の式年遷宮が行われる年は参拝者が急増し、翌年から一気に減って、また次の遷宮に向けてじわじわと増えていく傾向にあります。しかし、２０１３年の第62回式年遷宮以降は、それまでの式年遷宮の年をも大きく上回る参拝者が訪れるようになっています。

伊勢市が参拝者の集計を始めた１８９５（明治28）年以降で長らく最多だったのは第60回式年遷宮の行われた１９７３（昭和48）年の約８５９万人でした。ところが、２０１３（平成25）年の第62回式年遷宮以前から参拝者が増え始め、２０１０（平成22）年には８８２万人と過去最高を更新し、２０１３年は１４２０万人余を記録する爆発的な増加を見せました。

その翌年も１０８６万人を超え、翌々年は８３８万人まで減ったものの過去３番目の数で、以降も８００万人を割ることなく２０１９（令和元）年には９７３万人と１０００万人に再び迫りました。翌年からのコロナ禍で激減したものの、２０２３（令和５）年には７１７万人まで回復し、２０２４（令和６）年は７５４万人まで増えました。有料ガイドの利用者数も増えており、２０１９（令和元）年には６万人を超えました。訪れるだけでなく、より深く学びたいという人も増えているそうです。

日本は90年代から続く長い景気の停滞があった中で、２００８年にはリーマンショックからの世界的な金融危機、２０１１年には東日本大震災の津波や原発事故による未曾有の災禍、さらに、人と会うことすらままならなかったコロナ禍で自らを見つめ直す時間を否応なく過ごしたことで、これまでの価値観に疑問を抱くようになった人も少なくなかったのではないでしょうか。

円安の進行で訪日外国人数が急増し、神社を訪れる外国人も増えています。伊勢神宮への外国人の参拝者は２０１６（平成29）年に初めて10万人に達し、コロナ禍を経て２０２４年には再び10万人規模になる勢いです。世界遺産に登録されて10年がすぎた富士山は特に外国人登山客が増えたこともあり、構成遺産のひとつ富士山本宮浅間大社（静岡県富士宮市）には月に１００台程度だった参拝者のバスが、多い月には７００台ほど訪れるようになったそうです。

物を買うよりも日本らしい体験をしたいという消費行動の変化も見られるなかで、自然と共存しながら古代からの祭祀を守り続ける日本独特の信仰の場である神社は、訪れたい場所として人気となっています。

人知を超えた目に見えないものへの畏怖の念、という日本古来の信仰や自然観が国内外で注目されてきているのです。

◯観光客が増えすぎて対応に苦慮する神社も

その一方で、特に外国人観光客が局所的に集中して地域の生活や自然に過度な負荷がかかる「オーバーツーリズム」の問題も指摘されるようになりました。

伏見稲荷大社（京都市）は、朱塗りの鳥居が延々と連なる「千本鳥居」で撮影したいという観光客が殺到するようになりました。いまや世界的な人気を集める神社ですが、「あまりにも混みすぎて、ＳＮＳで見るような美しい写真を撮れなかった」という理由でグーグルなどのレビューに「がっかりした」と書き込む人も多く、手荷物保管サービスネットワークのスターシャ社が２０２３年に発表した世界の「最悪な観光地」の８位にランクインされました。

そもそも神社は信仰の場であって観光のための施設ではありません。伏見稲荷大社が美しくないはずもなく、周囲を含め地域の人々の対応が悪いわけでもなく、SNSでの同じような「映え」を狙う人々が殺到したために「最悪」とまで言われてしまったのです。

鳥居で懸垂したり、鈴の緒を振り回したりといった一部の訪日外国人の行動が問題視されるようにもなりました。かつては日本人観光客が外国の大聖堂に落書きをして問題になったこともあります。外国人だからということではなく、旅先でははめをはずしてしまいがちなことに加え、その土地の文化や習慣への無理解・無関心もそうしたトラブルの背景にあるように思います。

オーバーツーリズム対策として重要とされるのは時間的・空間的な観光客の分散です。また、地域の文化や環境、生活習慣、歴史などに理解を深めてもらうことも大切です。様々な由緒のある神社や祭りが全国各地にあり、それぞれ魅力にあふれています。日本の神々のことを知り、各地に伝わる神話やそれを由緒とする神社、祭りについて学んで発信していくことは、持続的な観光の発展や豊かな地域社会を守ることにもつながるはずです。


神社関係のみなさまには日頃から多くのことを教えていただいてきました。

特に神社について何も知らなかったころから優しく見守ってくださっている出雲大社の千家尊祐宮司様、生田神社の加藤隆久名誉宮司様には感謝してもしきれません。

また、本書の執筆にあたって、出雲大社の千家和比古・権宮司様をはじめ、大勢のみなさまにご助力いただきました。本書をまとめることができたのはみなさまのお導きがあったからこそで、そのご恩返しのひとつになればと思っています。

國學院大學の西岡和彦先生に道に迷わぬよう寄り添っていただき、安心して進むことができました。あさ出版のみなさまには、沼にはまってなかなか出られない私を叱咤激励しつつ、ともに楽しんでいただいて、おかげで走り切ることができました。末筆になりましたが、大変なご苦労をおかけしたことをお詫びしつつ、感謝を申し上げます。

本書を手に取っていただいたご縁のある皆様、これから出会う皆様の素晴らしい未来に少しでもお役にたてたら幸いです。

また、どこかでお会いできることを楽しみにしています。弥栄～！

深結《みゆう》

著者紹介

深結（みゅう）

ヒーリングシンガー
島根県親善大使、出雲観光大使

鹿児島県出身。日本各地の神社仏閣、インドの世界遺産で開かれる仏舎利御開帳フェスティバルなど世界各地の聖地で歌唱。60年に一度の出雲大社「平成の大遷宮」奉祝コンサートにて歌唱。伊勢神宮、出雲大社などで毎年奉納歌唱、各神社巡りのツアーを主催。神社本庁、神宮司庁編集協力の神社関連誌『和合-WAGO-』で各神社の宮司インタビューや対談の記事を連載。雑誌やテレビ番組、イベント向けに神社関係のコーディネートや出演を務める。「能と古事記」の企画出演。著書に『神様を味方につけて幸せになる本』（ワニブックス）がある。

監修者紹介

西岡和彦（にしおか・かずひこ）

國學院大學大学院文学研究科・神道文化学部教授

昭和38（1963）年生まれ。博士（神道学）。研究分野は神道思想史、神道神学など。著書（共著含む）に『増補版　神道の格言「かぎろい」抄（六）』（大神神社三輪山文化叢書）、『プレステップ神道学〈第２版〉』などがある。

執筆協力　安田純平
校正　仲島岳・鷗来堂

ビジネスエリートのための
教養《きょうよう》としての日本《にほん》の神様《かみさま》　〈検印省略〉

2024年 12月 19日 第 1 刷発行
2025年 3月 21日 第 2 刷発行

著　者——深結（みゅう）
監修者——西岡 和彦（にしおか・かずひこ）
発行者——田賀井 弘毅

発行所——株式会社あさ出版
〒171-0022 東京都豊島区南池袋 2-9-9 第一池袋ホワイトビル 6F
電　話　03（3983）3225（販売）
　　　　03（3983）3227（編集）
F A X　03（3983）3226
U R L　http://www.asa21.com/
E-mail　info@asa21.com
印刷・製本　広研印刷（株）

note　http://note.com/asapublishing/
facebook　http://www.facebook.com/asapublishing
X　https://x.com/asapublishing

ISBN978-4-86667-408-7 C2034